공화주의

공화주의

모리치오 비롤리 지음 | 김경희/김동규 옮김

인간사랑

차례

Contents

역자 서문

레스 푸블리카res publica. 모든 공동체 구성원이 함께 하는 공적 공간을 의미하는 레스 푸블리카, 그리고 이 표현에서 기원한 공화주의republicanism와 공화국republic 개념이 우리 사회에 새로운 화두가 되고 있다. 하지만 도대체 공화주의와 공화국이 무엇을 말하는 것인지에 대해서 정치가나 학자 그리고 평론가들 어느 누구도 속 시원한 대답을 내놓지 못하고 있다.

본 저작의 저자인 비롤리 교수가 역설하듯이 공화주의는 동등자들equals이 만나는 공간—즉, 국민들이 공동체의 동격의 동료로서 서로 우정을 쌓고 공동체의 진로를 논의하는 공간—에서 어김 없이 발생하는 정치적 아이디어들을 의미하는 것으로서, 원래부터 명쾌하게 무엇이라고 할 수 없는 사고체계이며 전통이다. 다만, 무질서하게 나타나고 사라지는 이러한 아이디어들 사이에 그래도 뭔가 체계성, 일관성, 공통성 같은 것이 있어 이것을 공화주의라고 칭하고 있는 것이다.

현재 공화주의의 실체를 둘러싸고 진행되고 있는 우리나라의 토론지형은 보수주의적 해석과 진보주의적 해석으로 대별해 볼 수 있을 것 같다. 우선, 보수주의자들은 민주주의를 비판하기 위한 대안으로서 공화주의를 검토하고 있다. 이들은 공화주의를 구성하는 요소 중 하나인 대의제를 특히 강조하면서 직접민주주의와 '참여의 과잉'을 비판하고 있다.

반면, 진보주의적 논자들은 '공공성'을 강조하면서 국민 모두가 동등자로서 서로를 대면할 수 있는 공적 공간에 주목하고 있다. 비롤리 교수가 거듭 강조하듯이 이러한 공적 공간은 '사적 지배' domination를 최대한 배제해야 한다. 그래야 모두는 이 공간에서 "회장님"과 평사원의 관계도, 선배와 후배의 관계도, 상관과 부하의 관계도 아닌 동료 국민으로서 서로 만날 수 있게 된다. 이를 위해서는 재산, 학력, 성별, 연령 등의 차이가 이러한 공적 인간관계 형성을 방해하지 않도록 해야 한다. 이러한 것이 진보주의

자들이 주목하는 공화주의의 요체이다.

그렇다면 본 역자들은 공화주의의 어떤 요소에 주목하는가? 본 역자들은 국민들 사이에 정치적 우정을 형성하는 방법이라는 관점에서 공화주의를 고민하고 있다. 따라서 상대적으로 진보주의적 해석에 좀더 가깝다고 할 수 있다. 우리나라는 근대화 과정을 거치면서 민족주의라는 기치—즉, '확대된 혈연가족으로서의 우리'라는 이념—로써 국민들의 연대를 도모해 왔다. 하지만 본 역자들은 이러한 종족민족주의를 통해 진정한 국민적 우정이 만들어질 수 있을지에 대해 회의적이다.

예를 들어 공동체의 일부 계층은 국민의 기본 의무를 기피하면서도 특권은 별도로 추구한다. 그래서 이들은 주주들의 공동 소유인 회사의 공금을 대량 착복하더라도 법에 의해 엄격히 처벌받지 않는다. 이들은 법을 무서워하지 않으며, 오히려 법이 이들을 무서워한다. 반면, 다수의 국민들은 갖가지 의무를 다하면서도 공동체로부터 기본적인 보호조차도 받지 못하고 있다. 자본주의적 시장경제에 내장되어 있다고 할 수 있는 호황–불황의 경기순환은 많은 근로자들을 수시로 실업상태에 빠뜨리고 있지만, 이러한 추락에서 기본적인 삶을 구해줄 사회적 안전망은 여전히 미비하고, 한때 우리나라의 개발연대를 책임졌던 노령의 국민들은 노후가 불안해 전전긍긍하고 있는 것이 우리들의 실정이다. 또한 공동체 구성원들에게 최소한 비슷한 출발점은 제공해야 할 교육 시스템 역시 그 역할을 다하고 있지 않다. 사교육비는 여전히 부담스럽고, 공공성을 잃은 대학 시스템에 진입해서는 학비의 조달이 걱정거리가 된다. 이렇게 대학을 졸업해 기업에 취직을 한다 해도 언제 퇴출될지 몰라 이른바 "사용자" 앞에서 비굴해지는 것을 피할 수 없다. 그럼에도 모든 언론매체와 정부 홍보물은 오늘도 내일도 조국에 대한 끝없는 사랑을 요구하고 있다. 그래서 국민 대다수는 '실제의 공동체' 대신 월드컵과 올림픽 등에 열광하면서 '상상 속의 공동체' 속에서 사는 것으로 우정의 결핍, 공동체에 대한 갈증을 달래고 있는 것이 오늘의 실정이다.

하지만 '상상 속의 공동체'는 '실제의 공동체'를 이기지 못하는 법이다. 공화주의는 바로 이 실제의 공동체를 만드는 법을 고민하는 사상체계이다. 우리는 한 민족이니까, 우리는 한 가족이니까, 우리는 동문이니까 단결해야 하고 연대해야 한다고 하는 것과 이웃에서 함께 살면서 서로 돕고 정을 나누면서 우정을 키운 것 중 어느 것이 더 강한 연대이고 더 강한 우정일까? 공화주의는 후자의 손을 들어준다. 그러면서 '함께 하는 것', '서로 나누는 것'이 중요하며, 그 중에서도 '동일한 법과 규칙 아래서 권리와 의무를 함께 나누는 것'이 가장 중요하다는 점을 역설

한다. 즉, 레스 푸블리카를 세우는 데에서 가장 중요한 것은 '법의 지배'라는 것이다.

일반적으로 진보주의자들은 법의 지배를 중심으로 하는 정치적 평등으로는 충분치 않으며, 사회적 · 경제적 평등을 별도로 요구한다. 하지만 법의 지배나 법 앞의 평등이라는 것이 사회적 · 경제적 평등이 어느 정도 이루어지지 않고서는 달성하기가 어렵다. 그래서 우리는 법 앞의 평등을 달성하기 위한 방편으로서 사회적 · 경제적 평등을 추구하고 있는 것이다. 즉, 법 앞의 평등을 강조하는 것은 자유주의적인 것이며 사회경제적 평등을 강조하는 것은 이를 넘어선 사회민주주의적인 것이라면서 양자를 구분하는 경향이 있지만, 공화주의는 양자를 같은 것으로 본다. 모든 것은 동등자들 간의 자유에 기반한 연대와 우정을 위해 필요한 것이다.

또한 너무 많은 숫자의 국민이 한 자리에 모이기 어려운 경우에는 국민들은 필요한 수의 대표자들을 선출해 엄격한 절차에 따라 대신 토론하게 하고 이 토론을 경청해야 한다. 왜냐하면, 엄격한 절차 없이 환호와 갈채에 의해 토론이 진행되는 경우, 이는 동등자들의 토론이 아니라 '다수파의 독백'으로 전락하기 때문이다. 동등자들은 한 목소리를univocal 내는 자들이 아니라 다양한 목소리를equivocal 지닌 자들이다. 이들이 다양한 목소리를 낼 수 있게 해주고 그들의 참여를 가능하게 해주는 것이 바로 공화주의이다. 이때 참여는 혼자 다 차지하는 것이 아니다. 참여는 일부를 가지는 것이고, 공동체의 일부분에 자신의 목소리를 반영시키는 것이다. '참여하다' 라는 영어단어 participate나 독일어의 teilhaben 모두 '부분', 즉 part와 teil을 어근으로 가지고 있다. 다시 말해 공동체 구성원들이 획일화되거나 혹은 그 일부가 권력이나 재화를 독점하여 다른 구성원들을 지배하거나 예속시키는 것은 공화주의에 가장 배치되는 것이다.

이러한 공화주의 정신의 중심에는 정치성(政治性)이 놓여 있다. 본문에서도 강조되듯이 공화주의는 자유, 평등, 공공선 그리고 법치를 그 핵심 가치로 하고 있다. 그 중에서도 평등은 경제적 평등이 아니라 정치적 평등이다. 불균등한 부의 소유가 문제가 아니라, 그것을 통해 정치적 권리의 불균등한 소유 및 행사가 나타나는 것이 문제인 것이다. 결과가 아니라 과정에, 그리고 그 조건에 초점을 맞추는 것이 공화주의의 문제의식이다. 공정한 룰과 경쟁조건의 확보가 문제이며, 바로 이러한 조건에서 동등자들의 우정이 싹틀 수 있는 것이다.

이렇게 볼 때 앞에서 말한 공화주의적 우정은 바로 '정치적' 우정이다. 사리사욕과 사적인 감정으로 맺어진 우정이 아니라, '자유에 대한 사랑' 을 공통분모로 하여 맺어지는 자유인들의 우정이다. 따라서 이러한 우정은 흔히 생각하듯 배타적이지도 않다. 종족과 인종에 따른 우정이 아니기에 배제와 차별이 없고, 그 누구나 위와 같은 공동체에서 동등자로 생활한다면 우정의 대상이 될 수 있는 것이다. 그러나 그 공동체를 위협하는 외부의 적에 대해서는 그 어느 때보다도 강하게 단결하고 저항하게 하는 것이 바로 이 우정인 것이다.

그리고 이러한 우정과 함께 그 우정을 공유하는 시민들의 시민의식 혹은 시민적 덕성이 공화주의의 중요한 덕목이 된다. 이 시민의식을 한마디로 이야기한다면 '자유에 대한 사랑'을 실현하기 위해 개개인이 갖춰야 할 '마음의 습관'으로서, 진정한 자유란 사적(私的) 공간에서가 아니라 공적(公的) 공간에서만 보장된다는 점을 이해하는 마음이다. 하지만 이러한 마음은 독방에서 수련하는 것으로 얻어지는 것이 아니다. 바로 어려서부터 보고, 배우고, 따라하는 데서 몸에 각인되는 태도인 것이다. 때문에 전통, 교육 등등의 사회제도와 자유와 평등을 보호하고 법치를 유지하는 정치제도 등이 중요하다.

싫어하면서 배운다는 말이 있다. 같이 생활하다 보면 어느 새 자신도 모르게 배운다는 것이다. 민주화라는 지고의 목적을 향해 달려온 한국 사회가 민주화 이후에 겪는 여러 가지 다양한 모습들 중에는 독재와 싸우면서 자신도 모르게 닮아간 모습도 있을 것이다. 그리고 거기에 민주화 이후 새롭게 나타난 모습도 있을 것이다. 그 다양한 모습들과 현상들 속에서 우리의 좌표를 잡는 데 공화주의를 간략히 소개한 이 책이 도움을 줄 수 있으리라 기대해 본다.

김동규 · 김경희

1999년 이탈리아어판 서문

공화주의라는 하나의 전통, 그 간략한 이해

현세기말의 지성사에 대해 저술하고자 하는 이는 공화주의에 대한 학자들의 새로운 관심을 지나칠 수는 없을 것이다. 다시 말해 공화국의 이상에 영감을 준 정치사상의 길고도 다양한 전통 말이다. 공화국이란 법과 공공선에 기반을 두고 주권자인 시민들이 만들어낸 정치공동체를 의미한다. 고대와 근대의 두 가지 예가 공화주의 정치사상의 핵심 개념의 의미를 명확히 해준다. 키케로Cicero는 공화국을 "인민의 일들"을 뜻한다고 말하면서 덧붙이기를, "인민은 아무렇게나 모인 일군의 사람들을 뜻하는 것이 아니라 정의와 공동의 이익을 인정하고 동의한 사람들의 모임"이라고 한다.[1] 루소 또한 공화국의 특징을 법치와 공공선에서 찾고 있다. 그는 다음과 같이 적고 있다. "나는 정부형태가 어떤 것이든 간에 법에 의해 통치되는 모든 국가를 공화국이라고 부른다. 왜냐하면 이때 비로소 공공선이 우위에 서고, 공공의 것이 중요한 것이 되기 때문이다."[2]

공화주의의 두 번째 근본원칙은, 진정한 자유는 한 사람이나 여러 사람들의 자의(恣意)에 종속되지 않는 것에 있으며, 법치의 엄격한 준수 이외에 일상의 권리와 정치적 권리의 평등을 필요로 한다는 것이다. 키케로는 설명하기를, 진정한 자유는 "인민이 최고 권력을 갖는 공화국에서만" 존재하며 또한 "권리에 있어서 절대적 평등"을 허용하는데, 왜냐하면 "자유는 (…) 정의로운 주인을 가지는 데 있는 것이 아니라 어떤 주인도 가지지 않는 데 있기" 때문이다.[3] 균형을 맞추기 위해 제네바 시민이었던 루

1. *De republica*, I. 25. res publica의 개념은 이런 의미에서 res privata에 대비된다. 키케로에게서 읽을 수 있듯이(*De republica*, III. 32) 폭군의 지배 하에 있거나 파당이 난립하고 있는 도시는 *res publica*라고 불릴 수 없다. G. Poma, *Res publica*, in *Filosofia Politica*, XII(1998), n. 1, pp. 10−11을 보시오.
2. *Contrat social*, in *Oeuvres complètes*, a cura di B. Gagnebin e M. Raymond, Gallimard, Paris 1964, vol. III, pp. 379−380(이태리어본 *Scritti politici*, a cura di P. Alatri, Utet, Torino 1979, p. 751).

소를 인용하면 그도 같은 사고를 드러낸다. 그는 "자유로운 인민은 복종은 하지만 예종하지는 않으며, 지도자는 두지만 주인은 두지 않는다. 자유로운 인민은 오직 법에만 복종하며, 타인에게 예종하도록 강제될 수는 없는데, 이것은 법의 힘 때문"이라 말했다.[4]

공화국은 우선 누가 그것을 행사하건 무제한적이고 원칙이 없는 권력에, 그리고 폭군정(또는 독재정)에 대항한다. 그것이 한 사람의 지배이건 한 분파의 지배이건, 또는 공동체의 이익에 반해 그들의 이익을 우위에 놓는 다수의 지배이건 간에 말이다. 두 번째로 공화국의 이념은 군주정과의 대립 속에서 이해되고 변호되는데, 그것은 다음과 같은 명확한 이유에서이다. 즉 좋은 주인이 악하게 될 수 있듯이 선한 군주도 악하게 될 수 있기 때문이다. 따라서 왕정 하에서 자유는 항상 한 사람의 자의에 의존하게 되기 때문이다. 또한 입헌군주제에서도 왕은 비록 법과 의회의 힘에 의해 제한받지만 태생에 의해 다른 시민들에게는 없는 특권들과 힘을 가진다. 따라서 그는 공화국이 소중히 여기는 평등이라는 근본원칙을 범하게 되는 것이다.

3. *De republica*, II. 23.

4. J.-J. Rousseau, *Lettres écrites de la montagne*, in *Oeuvres complètes*, vol. III, cit., p. 842(이태리어본 p. 1017).

장구한 역사 속에서 공화주의는 공화국과 자유의 이념 때문만이 아니라, 그 양자가 존속하기 위해서는 시민 윤리(또는 시민적 덕성)virtù civile가 필요하다는 이념의 주장에 의해 다른 정치사상의 전통들과 구분된다. 공화주의 정치이론가들은 무수히 반복하기를, 공화국은 그들의 독립을 빼앗으려는 외부의 침략자들로부터 방어되어야 하며, 법을 좌지우지하려 하면서 자의적으로 행동하려 하고 다른 시민들을 그들의 예속자로 만들려는 귀족들로부터 보호되어야 한다고 했다. 공동체의 자유를 위협하는 가장 큰 위험은 정치적 부패로서, 이것은 시민들로 하여금 인간, 인간사, 사물에 대해 지식을 가지고 판단할 능력을 상실케 하고, 따라서 시민들이 덕virtù과 악덕vizio을 혼동하도록 만들고, 억압에 저항하고 불의에 맞서는 도덕적 힘을 빼앗아 버리며, 그들로 하여금 복종토록 하고 아첨하게 만든다.[5] 공화국을 외세, 폭군(또는 독재자) 그리고 부패로부터 보호하기 위해서는 헌법, 법률 그리고 기타 최고 법규정만으로는 부족하고 다음과 같은 것들이 필요하다. 즉 개인의 이익이 공공선의 일부라는 것을 시민들에게 이해시키는 특별한 형태의 지혜, 관대한 정신generosita dell'-

5. N. Machiavelli, *Istorie fiorentine,* in *Opere,* a cura di A. Montevecchi, Utet, Torino 1986, vol. II, VII. 28을 보시오.

animo 그리고 공적 삶에 참여하고자 하는 정당한 욕구, 억압하려고 하는 세력가들과 귀족들에 대항해 저항하는 결정을 내리는 내적 힘이 바로 그것들이다. 그런데 이 지혜, 이 정당한 욕구, 이 관대한 정신은 공화주의 정치이론가들이 시민윤리virtù civile라고 부른 덕성의 다양한 면 이외의 다른 것이 아니다. 공화주의의 정수는 일반시민들의 대승적 사랑la carita laica, 즉 타인들에 가해지는 억압, 폭력, 불의 그리고 차별을 마치 내가 당한 것처럼 느끼는 분노이다. 공화주의 정치는 대승적 사랑carita에서 나온 것이기에 그것은 남들이 더 행복해지기를 바라기보다는 덜 고통받기를 바란다. 그것은 세상의 종말이나 민족의 운명을 인식하는 지도자의 문제나 민중선동가나 예언자들의 문제가 아니라, 자유를 사랑하고 세력가들에 종속되지 않으며 공공선에 복무하는 법을 아는 시민들의 문제인 것이다.

많은 학자들은 공화주의 이념들을 마치 다른 시대의 것인 양, 그리고 오늘날 글로벌하고 스펙터클하며 텔레비전에서 볼 수 있는 그런 현실정치와는 무관한 것인 양 이야기한다. 그러나 나는 그것들이 세 가지 이유에서 옛날보다 오히려 오늘날 정당하고 유용하며 또한 필요한 것이라고 생각한다. 첫째는 정치라는 것이 그 형식은 변화하지만 그 본질은 변하지 않는다는 것이다. 정치의 세계에는 항상 "동일한 열정들을" 가진 개인들이 있었다.[6] 귀챠르디니Guicciardini도 말하듯이 사태의 "이름과 형태"는 변화하나 "현명한 이들이 그것을 인식하지 못하"는 것은 아니다.[7] 시민윤리가 과거(고대)의 공화국에서처럼 현재 우리의 공화국에서도 필요하다는 것을 우리나라의 변화들이 보여주고 있다. 수십 년간 지배해 온 부패정치 시스템과 국가의 중요한 영역에서 법치의 지위를 빼앗은 범법자들의 지배에 대해 언급하지 않더라도, 우리나라의 만성적인 시민적 양심의 나약함의 결과 우리는 침묵하면서 계속해서 파벌정치와 연고의 정치행위들을 허용해 왔고, 또한 지금도 허용하고 있다. 결국 현대 민주주의들이 공적 삶에 적극적으로 참여하려는 시민들의 자발성을 요구하고 지탱하기에는 항상 역부족이라는 것은 주지의 사실이다.

6. N. Machiavelli, *Discorsi sopra la prima deca di Tito Livio,* in *Opere,* a cura di C. Vivanti, Einaudi, Torino 1983, vol. I, III. 43.
7. Francesco Guicciardini, *lettera a Machiavelli, 8 maggio 1521,* in N. Machiavelli, *Opere,* a cura di F. Gaeta, Utet, Torino 1984, vol. III, p. 524. M. Bovero는 그의 한 훌륭한 논문에서 이러한 진리에 관한 재미있는 논증을 제공한다(*La ricetta di Polibio e il suo rovescio. Ovvero : la Kakistocrazia, la pessima repubblica, in Ascesa e declino delle republiche*, a cura di D. Losurdo e M. Viroli, Quattro Venti, Urbino 1997, pp. 29−37). 이 논문에서 Bovero는 아리스토파네스, 테오프라스토스, 그리고 타키투스에 의해 묘사된 인물들과 상황들에서 1990년대 이탈리아 정치의 핵심 인물들 간에 실제로 흥미진진한 유사성이 있다고 결론을 내린다.

진정한 정당 없이, 그리고 두텁고 다양화된 시민사회 없이는 다음 세대들에게 민주주의 문화를 남겨줄 수 있는 정예를 구성할 수 없다. 따라서 우리의 입헌민주주의들은 과거의 것들과 마찬가지로 공화주의 정치이론가들이 말하는 시민윤리(또는 시민적 덕성)를 필요로 한다.

나는 다음과 같은 것을 주장하기 위해 이 책을 썼다. 즉 공화주의의 원칙들, 특히 정치적 자유와 시민윤리에 대한 공화주의적 해석은 새로운 정치적 유토피아의 기반이 될 수 있다는 것이며, 그 이상향은 이 세기말의 풍경을 지배하는 정치적 이념들(여기서 나는 자유주의와 공동체주의의 여러 변종들을 의미한다)로서는 생생하게 지탱할 수도 태동시킬 수도 없는 그런 자유시민들의 열정을 다시 일깨울 수 있는 것이다. 이어지는 페이지들에서 나는 공화주의의 역사에 대한 본질적 특성들을 개괄하고, 정치적 자유에 대한 공화주의적 개념규정의 의미를 자유주의 및 민주주의의 정치적 자유 개념에 대비시켜 설명할 것이다. 그리고 나서 시민윤리, 즉 시민적 비르투virtù civile의 공화주의적 해석에 대해 논의할 것인데, 그것은 비르투virtù라는 것이 무슨 영웅이나 성인(聖人)에게만 가능한 비르투를 말하는 것이 아니라 우리 시대의 일반 남녀들에게 가능한 비르투임을 말하기 위해서이다. 마지막 장들에서는 가치 있는 공화국은 공화주의적 애국심 없이 유지될 수 없음을 논의할 것이다. 이러한 애국심은 각자가 자신이 속한 상황, 문화, 종교 그리고 종족에 따라 서로 다른 방식이지만 공동의 목적을 위해 행동할 수 있도록 하는 유일한 열정이다.

마지막에 언급한 숙고들은 유럽을 염두에 둔 것으로, 새 유럽의 제도들이 시민사회의 정치·사회 문제들과 공화국의 원칙들에 입각한 이질적이지만 통합된 하나의 정치 공동체를 촉진시키지 못한다면, 시민들이 주인되는 하나의 유럽이라는 이상이 이미 옛 것이 된 한 단어를 회생시켜야 한다는 것을 암시한다. 17세기와 18세기에 공화주의는 자유주의 국가와 민주주의 국가의 탄생과 강화에 도움을 주었다. 앞으로 시작될 세기에는 그것이 19세기 공화주의 사상가들이 염원했던 유럽 연방의 탄생에 도움을 줄 수 있을 것이다.

공화주의에 대해 이야기하면서 몇 세기 만에 정치적 · 문화적으로 가장 다양한 정황들 속에서 발전하는 정치사상의 한 전통을 바라보고 있다는 사실을 깨닫게 된다. 그 전통은 다행히도 한번도 잘 짜여진 이론체계가 된 적이 없으며, 더욱 다행이게도 한 사람의 공인된 해석자를 가지고 있지 않았다. 공화주의는 정치사상의 한 전통을 이루는데, 그것은 오직 다음과 같은 의미에서이다. 즉 공화주의 정치이론가들이 자주 이전 시기의 정치이론가들의 이념들과 저자들을 다루면서 적당한 분석들을 세련화시켰다는 의미에서이다. 분명한 예를 들자면, 마키아벨리는 『티투스 리비우스의 첫 10권에 대한 논고』(이하 『로마사 논고』)를 저술했고, 루소는 그의 『사회계약론』에서 광범위하게 마키아벨리의 『로마사 논고』를 참고하였다. 그러나 마키아벨리가 티투스 리비우스의 이념을 수정하였다는 것 또한 사실이다. 똑같은 이야기가 마키아벨리와 루소의 관계에도 적용된다. 용어의 역사적 중요성에서 하나의 전통이 되었다는 것 외에 공화주의는 또한 정치사상의 파노라마 속에서 잘 분간할 수 있는 하나의 "가문"을 형성한다. 그것은 그 구성원들이 이미 밝혔듯이 공화국과 정치적 자유의 독특한 해석에, 그리고 정치적 자유와 시민윤리 사이에서 생겨나는 관계의 독특한 해석에 있는 근본적인 정치원칙들을 공유한다는 사실에서 기인하는 것이다. 그럼에도 우리가 근본적인 정치적 문제들, 예컨대 공화국의 헌정질서, 사회적 평등 그리고 외교정책 같은 문제들에서 공화주의 정치이론가들의 이념에 접하게 되면 현격한 차이점들을 발견할 것이다.

차이들에도 불구하고 우리는 충분히 공화주의 가문의 초상화들이 걸려 있는 화랑으로 들어갈 수 있다. 로마시대의 거장들인 키케로, 살루스트, 그리고 리비우스, 14세기 자치도시의 자치정부에 관한 이론가들, 그들 중 낯설게

들릴지도 모르는 화가 암브로죠 로렌체티Ambrogio Lorenzetti를 언급 안 할 수 없는데, 그는 시에나의 행정청사 안의 '9인위원회' 방을 장식하고 있는 벽화에서 공화주의 이론의 관점에서 본 시민정부에 대한 최고의 것을 표현했다. 피렌체의 "시민적 인문주의"umanesimo civile 이론가들에 속하는 이들로는 콜루치오 살루타티Coluccio Salutati, 레오나르도 브루니Leonardo Bruni, 마테오 팔미에리Matteo Palmieri, 알라만노 리누치니Alamanno Rinuccini와 르네상스의 정치사상가들이 있는데, 그들 중 근대 공화주의의 진정한 입안자인 마키아벨리는 단연 특출한 지위를 가지고 있다. 마키아벨리 이후에는 도나토 지아노티Donato Giannotti가 오는데, 그는 1530년에 피렌체 공화국 최후의 몰락을 목도하게 된다. 가스파로 콘타리니Gasparo Contarini 같은 베네치아인들, 피터 데 라 쿠르와 요한 데 라 쿠르Pieter e Johann de la court 같은 네덜란드인들, 죤 트렌차드John Trenchard와 토마스 고든Thomas Gordon 같은 영국인들, 아마도 영국 공화주의의 바이블이라 할 수 있는 『카토의 편지(1720-23)』*Cato's Letters*를 쓴 논자들, 그리고 커먼웰스멘Commonwealthmen 같은 중요한 무리들도 오게 된다.[8] 18세기의 파노라마에서

8. 퀜틴 스키너(Quentin Skinner)는 이러한 정치저술가들을 공화주의자라기보다는 "신로마주의자"들로 부를 것을 제안한

다른 이들보다 월등한 이는 역시 장-자크 루소라 할 수 있으며, 이 제네바인 옆에 최소한 『정치평론집』*Saggi politici*과 1799년 나폴리 공화국을 위해 『헌정안(憲政案)』*Progetto di costituzione*을 저술한 프란체스코 마리아 파가노Francesco Maria Pagano가 오고, 19세기에는 마치니Mazzini, 카타네오Cattaneo 그리고 다른 많은 이들을 발견할 수 있다. 자유주의자들을 분개시킬 위험을 무릅쓰고 이들에 존 스튜어트 밀을 덧붙이고 싶다. 우리 세기 이탈리아에서 정치적 공화주의의 가치가 영속하고 있음을 보여주는 더 강한 표지를 찾고자 한다면 무엇보다도(그러나 이들이 전부는 아니다) '정의와 자유' Giustizia e Libertà, '행동당' Partito d'Azione 그리고 '공화주의당' Partito repubblicano에서, 즉 "시민적 이탈리아"Italia civile로 정의될 수 있는 것의 대변자들에서 찾아야만 한다. 이 "시민적 이탈리아"라는 표현은 대단히 좋은 표현인데, 왜냐하면 이 전통에 속하는 사람들의 글과 저작들에서 공화주의 이론가들이 수세기 동안 진정한 "시민적 삶"vivere civile의 근본원칙으로 지적한 공공선, 법치, 그리고 자유와 평등의 원칙들에 대한 강렬한 애착을 재발견할

다. 그것은 그들이 정확한 의미에서 공화주의적이지는 않았기 때문이며, 군주정의 반대자는 아니었기 때문이다. *Liberty before Liberalism*, Cambridge University Press, Cambridge 1998을 보시오.

수 있기 때문이다.[9]

공화주의 정치문화가 이탈리아에서 항상 소수의 문화였다는 사실은 운좋게 처음부터 다시 시작해야 할 필요가 없음을, 수세기 동안 죽은 이념과 담론을 다시 재생시키고자 노력할 필요가 없음을 나타내는 것이 아니다. 그것은 다른 무엇보다도 더 이탈리아적인, 그리고 불가사의한 삶에도 불구하고 오늘날까지 도달한 한 전통 위에서 일할

9. 공화주의적 정서는 가톨릭 세계에서도 발견된다. 공산주의 좌파와 사회주의의 전통에서이다. 그럼에도 필자는 좌파, 특히 공산주의에 기원을 둔 좌파의 경우 공화주의적 사고방식을 흡수하기는 어렵다고 생각한다.
우선 공화주의는 거의 한번도 좌파 지식인들의 연구대상이 아니었기 때문이다 ; 지식인들의 대부분이 마르크스주의자일 때 그렇지 않았었고, 그들이(니체, 푸코, 슈미트, 루만, 하버마스, 데리다 같은, 공화주의와 전혀 관계없는 이들에 심취되고 나서) 자유주의자들이 된 지금도 그렇다. 두 번째로—시민권에서 제외된 한 계급 혹은 다른 계급들의 이해와 권리들을 옹호하기 위해 태어난—좌파는 역사적으로 당과 노조의 애국주의를 지지했지, 공화주의자들이 항상 주장한 시민들의 공공선의 수용 같은 애국주의는 아니었기 때문이다. 또한 여기서 당연히 중요한 예외들이 있다 ; 엄청난 힘을 가지고 애국주의의 수사들을 사용할 줄 알았던 공산당의 지도자들이 있었다. 그리고 항상 그들의 성과를 위해 시민의 영감과 힘을 애국주의로부터 끌어낼 줄 아는 시장들이 있다. 그러나 전체적으로 좌파는 공화주의적 애국주의로부터 항상 멀리 떨어져 있었던 것처럼 보인다.

수 있다는 것을 나타낼 뿐이다. 우리는 다른 나라들에서 세련화된 이념을 빌릴 필요가 없으며, 오히려 우리가 잊고 있는 이념을 되찾아야 한다. 다른 나라 사람들에게서 배워 나쁜 것은 분명 아무 것도 없다. 하지만 우리의 역사, 실례들, 그리고 우리의 변화를 언급하면서 공화국과 자유에 대해 말할 수 있다면, 내 생각에는 마키아벨리가 다음과 같이 말한 이유로 그러한 담론은 좀더 설득력이 있을 것이다. 즉 "어떤 한 나라의 예가 감동을 준다면 그 나라가 자국(自國)인 경우 읽는 이는 훨씬 더 감동하게 되며, 따라서 그것은 더욱 더 유용하게 된다."[10]

10. *Istorie fiorentine*, I, Proemio.

영어판 저자 서문

나는 이 책을 집필하면서 무엇보다 이 책이 나의 조국 이탈리아의 정치지도자들과 시민들의 시민적 의식을 고양시킬 수 있으면 하는 바람을 가지고 있었다. 최근의 이탈리아 정치는 불행히도 내가 생각하는 공화주의적 이상들과는 정반대인 원칙들이 힘을 발휘하고 있다는 징후들을 보여주고 있다. 지난 2001년 5월 13일의 선거에서 다수의 이탈리아인들은 자유를 법의 지배에 대한 존중으로 이해하기보다는 간섭받지 않는 개인적 이익의 추구로 이해하고 있음을 여실히 보여줬다. 그들은 또한 그들이 총리로 선출한 실비오 베를루스코니가 세 개의 주요 텔레비전

방송국과 몇 개의 신문사, 그리고 출판사들을 소유하고 있으며, 또한 엄청난 규모의 재산을 가진 재벌로서 오직 자신에게만 완전 복종하는 사람들로 이루어진 정당을 지배하고 있음으로써 이전에 어떤 정치가도 누리지 못했던 개인적 권력을 자신의 손아귀에 독점하고 있다는 사실에 대해 별로 우려하지 않고 있음을 보여줬다. 또한 그들은 공공의 이익이 어느 한 당파의 이익에 종속되는 것이 별로 이상한 것이 아니라고 생각하는 것 같다. 그리고 상기 선거가 있은 직후인 2001년 여름 제노바에서 G-8 정상회의 기간 중 발생했던 사건*에 대한 반응을 통해 많은 이탈리아인들과 다른 나라 사람들은 자신들이 시민의 권리를 보호하려는 국가보다는 힘 있는 국가를 선호하고 있음을 보여줬다.

최근의 사회학 연구들은 두 개의 이탈리아가 공존하고 있다는 이야기를 하고 있다. 하나는 오직 자신의 가족과 자신의 개인적 성공에만 관심이 있는 사람들로 이루어진 이탈리아이고, 다른 하나는 강한 시민적 책임감과 함께 공동체와 소외받는 사람들, 그리고 환경보존을 위해

* 당시 제네바에서는 선진국인 G-7국가와 러시아의 정상들이 모인 회의가 진행되고 있었는데, 당시 신자유주의에 의한 세계화에 반대하는 시위가 있었다. 이에 대해 베를루스코니 정부는 발포를 명령했고, 시위도중 사상자가 발생했다.

자신의 사적 이익에 손해가 발생하는 것을 감수하면서까지 공동체 문제에 적극 참여하는 시민들로 이루어진 이탈리아이다. 물론 다른 나라들과 마찬가지로 이 두 개 그룹의 경계가 고정되어 있는 것은 아니다. 시민적 책임감이 강한 시민도 어떤 경우엔 그런 책임감을 버리기도 하고, 반대로 그런 책임감이 없던 사람이 민주적 시민참여가 가져다 주는 삶의 고귀함을 새롭게 발견하기도 한다. 그리고 또한 동일한 사람이 특정한 사회적 권리를 부여하는 것에 대해서는 열렬히 반대하면서도 공동체의 일 전반에는 적극 참여하기도 하는 것처럼 두 가지 성향이 겹쳐지기도 한다. 문제는 시민적 · 공화주의적이지 않은 이탈리아가 시민적 · 공화주의적인 이탈리아보다 더 강력하다는 점이며, 이러한 문제가 다른 많은 나라들에게도 적용된다는 점이다.

우리가 공화주의적 시민의식의 약화와 베를루스코니와 같은 지도자들의 집권, 이 두 가지 사실을 생각해 본다면 유럽과 미국의 정치평론가들은 걱정스러울 수밖에 없을 것이라는 결론에 도달한다. 이탈리아라는 민주주의 국가는 한 명의 사람 또는 하나의 집단에 무소불위의 권력을 몰아준 정권을 가지게 되었는데, 이 정권은 민주주의적이며 자유주의적인 규범들을 전혀 위반하지 않고서도 권좌에 오를 수 있었다. 강한 자금력과 카리스마, 그리고 자신의 수중에 있는 언론매체를 동원한 정치적 선전을 통해 한 명의 야심가는 입헌민주주의의 규칙 중 어느 하나도 깨뜨리지 않고 그가 원하는 대중의 동의를 획득할 수 있었다.

이러한 시민적 의식의 약화는 다른 서양 사회들에도 영향을 미치고 있는 시대적 유행이 되고 있는데, 미국의 경우 오히려 심하면 심했지 전혀 약하지 않다. 이러한 유행은 나라마다 다른 결과를 낳고 있다. 하지만 시민적 의식의 약화는 어디에서나 부자들과 민중선동가들(또는 양자가 합쳐진 형태의 정치가들)에게 집권에의 길을 열어준다는 공통점을 가지고 있다. 이러한 이유 때문에 이탈리아인의 관점에서 민주사회에서 시민적 정신을 강화하는 가장 효과적인 방법에 대한 내 사색의 결과가 미국의 시민들과 정치지도자들에게도 쓸모가 있었으면 한다.

모리치오 비롤리

2001년 8월

영어판 독자들을 위한 소개의 글

공화주의에 대한 새로운 해석

노예를 두지 않은 최초의 공화국들이 중세 말기 이탈리아에서 태어났다. 아직 완전한 시민권은 시민들 중 소수의 특권층만이 누리고 있다는 문제점은 여전히 남아 있었지만 피렌체, 베네치아, 제노바, 피사, 루카, 시에나와 기타 몇몇 이탈리아 도시국가들의 성벽 안에는 군주도 왕도 없이 시민들이 하나의 법제도 아래에서 함께 어울려 살았다. 바로 이 성벽과 공회당(公會堂) 안에서, 그리고 법률가, 역사가, 정치사상가들의 서재 안에서 근대적인 공화주의 사상이 태어났다. 이 공화주의 사상은 자유의 원리를 숭상하면서 이 자유를 획득하고 유지하는 정치적 · 법적 수단이 무엇인지를 설명하려고 한 정치이론 체계였다.

물론 최초라고 해서 그것이 최고를 의미하는 것은 아니다. 하지만 정치사상가들은 과거의 사상가들이 이미 밝혀놓았거나 연구해놓은 지혜의 편린들을 쉽사리 잊어버리는 경향이 있다. 이것은 공화주의 계열 정치사상들의 경우도 마찬가지다. 자연과학과 달리 정치학은 새로운 이론으로써 과거의 이론을 대체해 나가면서 전개되는 것이 아니라, 망각 속에 빠진 사상과 주제들을 재발견하여 망각에서 구출해내고 다듬으면서 전개되어 간다. 이러한 점을 염두에 두면서 나는 이제 이탈리아인의 관점에서 영어권 독자들을 위해 작성한 이 공화주의 연구서를 세상에 내놓고자 한다.

고전적 형태의 공화주의, 즉 내가 니콜로 마키아벨리와 결부시키는 형태의 공화주의는 어떤 학자들이 좀더 후대 형태의 것을 염두에 두면서 주장하듯 그렇게 참여민주주의적인 이론이 아니다.[1] 그것은 참여보다는 오히려 정치적 자유를 이야기하는 이론으로서, 자유를 지키는 데 있

1. 예를 들어 Michael Sandel, *Democracy's Discontent*(Cambridge, Mass. : Harvard University Press, 1998), 5–7쪽 ; Roger Smith, *Civic Ideals*(New Haven, Conn. : Yale University Press, 1997), 35–37쪽과 82쪽을 보시오.

어 시민들이 주권적 정치과정에 참여하는 것이 필수적이긴 하지만 이러한 참여는 명확히 규정된 틀 내에서만 이루어져야 한다는 점을 명확히 한다. 주권적 정치논의—즉 시민들 전체와 관련된 정치논의—가 시민들에게 맡겨져야 한다는 주장을 펴기 위해 공화주의 사상가들은 그들이 말하는 '자기 통치'의 원리, 즉 자치(自治)의 원리를 "모두에게 영향을 미치는 것은 모두에 의해 결정되어야 한다"[2]는 로마법 원리에서 도출해냈다. 모두 그러한 의사결정에 똑같이 영향을 받기 때문에 시민들은 자신의 개인적 이익을 위해서라도 공공선(또는 공익)bonum publicum의 논의에 참여해야 한다는 것이 공화주의자들의 생각이었다.

주권적 정치논의가 소수가 아닌 다수에 맡겨져야 의회, 즉 입법기관은 공공선의 실행에 있어 분파적 이익을 앞세운 세력에 저항할 수 있는 정치적 힘을 가질 수 있다. 이와 관련하여 마키아벨리는 언제나 논쟁에 휩싸이고 여전히 불명확하기만 한 공공선 개념에 대해 값진 통찰을 제공하는데, 그에게 있어서 공공선이란 모든 시민들이 함께 누리는 이익이나 모든 시민들이 자신들의 개인적 이익이나 자신들이 속해 있는 소그룹의 이익을 버려가면서까지 추구해야 하는 그런 초월적인 것이 아니다. 마키아벨

2. *Codex* 5.59.5.

리에게 있어서 공공선이라는 것은 남에게 예속(隸屬)dependence되는 것도 원치 않고 또한 남들을 예속시켜 사적(私的)으로 지배하려는(또는 주인처럼 지배하려는)domination* 야심도 없는 그런 시민들에 이로운 것을 의미한다.[3] 그리고 그는 이렇게 예속을 피하려는 욕구가 바로 자유를 향한 욕구이며, 이러한 공공선을 실현하는 데는 공화정이 군주정보다 더욱 효과적인 정치형태라고 주장한다.[4]

---

* 이 책에서 가장 중요한 개념 중 하나가 바로 이 domination(이탈리아어로는 dominazione)인데, 노예를 지배하는 주인을 뜻하는 dominus에서 파생된 단어다. 따라서 domination은 공적인 통치자나 지도자가 아닌 사적(私的) 주인에 의한 지배를 의미한다. 여기서는 문맥에 따라 '주종적 지배', '주종관계', '사적 지배', '사적 주종관계' 등으로 번역한다. domination은 주인의 입장에서 본 것이고, 이것은 당하는 쪽에서 보면 예속, 예종 등으로 번역될 수 있는 dependence(이탈리아어로는 dipendenza)가 된다.

3. 슘페터의 "무엇보다 모든 이들이 합의할 수 있거나 합리적인 설득을 통해 합의보게끔 할 수 있는 유일하게 정해진 공공선이라는 것은 없다"는 말은 옳다. 하지만 이 말은 내가 여기서 개략적인 그림을 그리고 있는 공화주의적인 '공공신' 개념에는 적용되지 않는다. Joseph A. Schumpeter, *Capitalism, Socialism, and Democracy*(New York : Harper Bros., 1950), 251쪽을 보시오.
4. Niccolò Machiavelli, *Discourses on Livy,* Harvey C. Mansfield & Nathan Tarcov 역(Chicago : University of Chicago Press, 1996), II. 2를 보시오.

초기 이탈리아 공화국들의 사상가들은 공공선을 가장 잘 실현할 수 있는 정치형태로서 세 가지 고전적인 '좋은 정치체제들', 즉 일인의 통치monarchy, 엘리트의 통치aristocracy, 그리고 다수의 통치(즉 공화주의적 통치 또는 민중에 의한 통치)를 혼합한 정치체제를 들었는데, 그 가장 좋은 예로 당시의 베네치아 공화국을 꼽았다. 그들은 자신들이 혼합정을 선호하는 근거로서 혼합정이 각 사회 그룹들에게 공화국 내의 공적 · 정치적 삶에 있어 각기 적당한 자리를 마련해 주며, 또한 최고 통치권을 구성하는 부분들(즉 법규를 제정하는 권력legislative, 중대사안을 숙의하고 결정하는 권력deliberative, 결정된 바를 집행하는 권력executive) 사이에 적절한 균형을 보장한다는 점을 들었다. 프란체스코 귀차르디니Francesco Guicciardini 같은 일부 사상가들은 새로운 법을 만들거나 오래된 법을 고치는 일은 제한된 수의 조심스럽게 선발된 그룹에게 맡겨져야 한다고 주장했는데, 일반시민 다수는 그러한 일을 맡기에는 능력이 충분치 않다는 것이다.[5] 하지만 마키아벨리 같은 사상가들은 다수의 시민들로 구성된 회의체가 새로운 법을 제시할 수 있어야 하며, 단지 소수로 구성된 회의체가 작성하여 상정한 법에

5. Francesco Guicciardini, *Dialogue on the Government of Florence* (Cambridge, U.K. : Cambridge University Press, 1994), 99-100쪽.

대해 가부(可否)를 결정하는 것으로만 그 권한이 국한되어서는 안 된다고 주장했다. 하지만 이렇게 다수로 구성된 회의체(대회의체)를 강력히 지지했던 사상가들도 이 회의체가 모든 정치사안들에 대해 의사결정 권한을 행사해서는 안 되며, 결코 절대적인 권력을 가져서도 안 된다는 점을 강조했다.

당시 공화주의 사상가들은 대의제(代議制) 원리를 이해하고 있었다. 그리고 초기 공화국들의 입법기관들은 실제 대의제에 입각해 있었다. 14세기와 15세기의 법률가들은 공적 회의체(공회) 자체와 거기에 참가하는 시민 개인을 구별하면서 대의제에 대해 논의했다. 그들은 공회 자체는 도시국가 전체 또는 시민들 전체를 대표해야 하는 것이지 시민들 중 일부만을 대표해서는 안 된다고 못박았다. 그리고 공회에 참여하는 개인도 국가 전체의 이익을 고려해야 하며, 자기 가문이나 소속 당파 또는 자신을 뽑아준 사람들을 대변해서는 안 된다고 했다. 이러한 주장을 생각해 볼 때, 나는 공화주의가 참여민주주의를 강조하는 이론체계였다기보다는 헌법적 제약 속에서 운영되는 '대의제적 자기 통치'에 관한 이론체계였다고 생각하게 된다.

내가 이 연구에서 수정하고자 하는 또 하나의 통념이 있는데, 그것은 공화주의가 자유주의를 대체하려는 사상체계라는 통념이다. 이는 사실과 다른데, 정확히 말하자면 자유주의 정치사상은 많은 정치적 아이디어들을 고전적 공화주의로부터 물려받았던 것이다. 이러한 사상적 상속(相續)의 대표적 예로 '최고 통치권력은 항상 헌법적 · 법률적 규범에 의해 제한되어야 한다'는 자유주의의 기본적 원리를 들 수 있다. 또한 자유주의의 정치적 개인주의—더 정확히 정치공동체의 가장 중요한 목적은 개인을 보호하는 데 있다는, 즉 개인의 생명, 자유 그리고 소유property를 보호하는 데 있다는 생각—도 고전적 공화주의로부터 물려받은 것이다. 자유주의 사상가들은 공동체주의자들의 공격으로부터 이러한 원리를 방어하고 있는데, 잘하고 있는 일이다. 하지만 이러한 정치적 개인주의는 자유주의자들의 창작품이 아닌데, 고전적 공화주의자들은 오래 전에 그런 생각, 즉 국가는 개인의 생명, 자유, 그리고 그 소유한 바를 보호하기 위해 존재한다는 생각을 강조하고 있었던 것이다.

권력분립(權力分立)의 원리 역시 근대 초기의 공화주의 사상가들에게는 친숙한 것이었으며, 근대 초기 공화국들은 그 존속하던 기간 동안 이러한 원리를 부분적으로나마 실행에 옮겼다. 이들 사상가들은 사법권과 입법권이 하나의 기관에 집중되는 것이 개인들의 자유를 유지하는데 얼마나 위험한 것인지 잘 알고 있었다. 마키아벨리가 루카 공화국을 칭찬하고 또한 몇 년 후에 도나토 지아노티 Donato Giannotti가 1494년에서 1512년까지 존속했던 피렌체 공화국을 비판했던 것은 이러한 점을 염두에 두고 있었기 때문이다.[6] 따라서 자유주의 사상가들이 분립된 각 권력 또는 기능들의 내용과 관련하여서는 우리 공화주의자들의 생각을 심화 · 발전시킨 점이 인정되어야 하겠지만, 이러한 기능들을 분산해야 한다는 원리 자체나 이의 실제 적용은 자유주의자들의 발명이 아니었다.

하지만 근대 초기 이탈리아의 공화주의에서는 볼 수 없었던 자유주의만의 창작물이 하나 있는데, 그것은 바로 자연적인(양도불가한 또는 생래적인) 인간의 권리라는 독특한 개념이다. 이 자연권 이론은 자유주의의 기초가 되는 매우 중요한 것인데, 그것은 명백한 이론적 약점을 하나 가지고 있다. 그것은 어떠한 권리도 오직 법과 관습(관행)에 의해서만 많든 적든 간에 보장받을 수 있다는 점을 간과했다는 사실이다. 이렇게 권리는 역사적인 것이지 자연적인 것이 아니며, 법과 관습(관행)에 의해 뒷받침되지

6. Donato Giannotti, *Della repubblica fiorentina*, in *Opere politiche*, Furio Diaz 편(Milan : Marzorati, 1974), vol. 1, 214쪽을 보시오. 또한 Niccolò Machiavelli, *Sommario delle cose della città di Lucca*, in *Opere politiche,* Corrado Vivanti 편 (Turin : Einau−Gallimard, 1997), vol. 1, 718−19쪽을 보시오.

않을 때 그것은 권리라는 이름으로 불릴 것이 아니라 도덕적 요청 정도로 불려야 할 것이다. 즉 그것은 아무리 고매하고, 타당하고, 합리적인 것이라 해도 여전히 도덕적 요청 수준을 넘지 못한다. 이러한 이유로 해서 마키아벨리는 후세의 사상가들과 달리 자연권 개념을 전혀 사용하지 않았는데, 그것은 지혜로운 일이었다. 그는 오직 자유만이 개인들이 누릴 수 있는 선(善)이라고 말하면서, 하지만 이러한 자유가 가능하기 위해서는 다음과 같은 조건들이 충족되어야 한다고 덧붙였다. 즉 좋은 정치제도와 군사제도를 갖춰야 하고, 개인들이 충분히 시민적 비르투*(시민윤리)를 체화하고 있어야 하며, 또한 운에 달린 것이긴 하지만 힘세고도 공격적인 국가들이 너무 가까이 있지 않아야 한다.

이러한 점들을 두고 볼 때, 우리는 정치사상의 지형에 대한 기존의 통념을 재고해 봐야 한다. 일반적으로 사람들은 공화주의가 자유주의라는 거대 제국과 국경을 맞대고 있는 또 하나의 제국인 민주주의에 속한 일개 속주(屬州)에 불과하다고 생각한다. 하지만 역사적으로 볼 때 오히려 자유주의, 민주주의 양 사상이 법의 지배와 인민주

* civic virtue. 이 책에서는 우리말에 정확한 번역어가 없어 문맥에 따라 virtue를 마키아벨리 당시의 르네상스 이탈리아어 '비르투'(virtù)나 '윤리'("시민윤리") 또는 '덕성'("시민적 덕성")으로 번역한다.

권이라는 양대 원리 위에 구축된 고전적 공화주의에 속한 속주들로 보는 것이 더 정확하다.[7] 자유주의와 민주주의 사상은 각각 이러한 양대 원리 중 하나만을 강조하면서 나머지 하나의 원리는 그 의미를 축소한다. 물론, 자유주의자들이 자유주의 귀족정이나 자유주의 왕정에 맞서 자유민주주의를 옹호하기 위한 방편으로 인민주권을 찬양했던 적도 많았다. 그리고 민주주의자들이 인민회의체(그리고 민중선동가들)에 절대적 권력을 부여하는 포퓰리즘적이고 군중적인 형태의 민주주의를 막기 위해 법의 지배를 찬양하고 입헌적 민주주의를 옹호하는 경우도 있었다. 하지만 자유주의를 최고 통치권의 헌법적·법률적 제한을 통해 자유수호를 위한 최선의 성채를 구축하려는 사상전통으로 묘사하고 민주주의를 인민주권의 장점을 찬양하는 사상전통으로 묘사하는 것은 지금도 여전히 타당하다. 그런데 이러한 묘사를 받아들인다면, 우리는 자유주의와 민주주의 양대 사상이 보다 넓고 비옥한 사상체계인 공화주의 안에 포함된다는 결론에 도달하게 된다. 이렇게 볼 때, 우리는 고전적 공화주의가 변형되어 자유주의, 민주주의라는 서로 다른 사상전통으로 나눠진 것은 전혀 박수칠 일이 아니라 개탄할 만한 일이라고 주장할 수밖에 없다.

---

7. Machiavelli, *Discourses on Livy*, I. 5와 I. 58을 보시오.

즉 다른 식으로 표현하자면, 마키아벨리로부터 물려받은 유산을 로크와 몽테스큐로 하는 한쪽과 루소로 하는 다른 한쪽으로 나눈 것은 인류 지성사에 있어 뼈아픈 손실이었다.

이러한 지성적 · 정치적 손실이 얼마나 큰 것인지는 고전적 공화주의가 말하는 정치적 자유의 이상과 오늘날 우리들 정치문화를 지배하고 있는 자유주의와 민주주의의 이상들(특히 자유주의의 이상)을 비교해 보면 좀더 확실하게 나타난다. 고전적 공화주의 사상가들에게 있어서 '자유롭다'는 것은 '예속되지 않는 것'—즉 타인의 자의(恣意)에 종속되지 않는다는 것—을 의미했다. 이러한 식으로 정치적 자유를 해석한 것은 '자유인'의 상태를—타인의 자의에 종속된 노예와 달리—타인의 자의에 종속되지 않은 상태로 규정한 로마법의 원리에서 나온 것이다. 개인이 법적 · 정치적 권리를 가질 때 자유롭게 되는 것처럼 한 국민이나 국가는 자신의 법 아래에서 살 수 있을 때에만 자유로운 것이다. 즉 한 국가나 그 국민을 구성하는 사람들이 그들의 법을 왕으로부터 하사받는 경우 그들은 더 이상 자유민이 아니라 예속민에 불과하며, 진정한 자유를 만끽할 수도 없이 예속상태에 빠져 마치 주인 앞에서 굽신거리며 살아가는 노예와 다름없게 된다. 따라서 왕정, 즉 로마인들이 말하는 절대적 왕정은 예속상태와 같은 것으로 간주되었다.

또한 고전적 공화주의 사상가들은 공정한 법에 따라 개인적 선택에 제한을 두는 것은 자유에 대한 제한이 아니라 오히려 정치적 자유를 구성하는 핵심 요소임을 강조했다. 그들은 일반시민들 뿐만 아니라 통치자들의 행동에도 동일하게 가해지는 법적 제한은 개인들을 억압하려는 시도에 대한 유일한 방패막이라고 믿었다. 마키아벨리는 그의 『로마사 논고』에서 이러한 신념을 강하게 나타냈는데, 그는 제1권 29장에서 법집행자들도 두려워하는 시민, 또는 법을 제 맘대로 위반할 수 있을 정도의 힘을 가진 시민이 한 명이라도 존재하게 되는 경우, 국가 전체는 이제 더 이상 자유로운 국가라고 부를 수 없게 된다고 기술했다. 국가는 오직 그 법률과 헌정질서가 귀족들의 오만과 민중의 방종을 효과적으로 제어할 때만 자유롭다고 할 수 있다.

루소는 복종(服從)obedience과 예종(隷從)servitude의 차이를 명쾌하게 설명하는데, 그는 "자유로운 인민은 복종은 하지만 예종하지는 않으며, 지도자는 두지만 주인은 두지 않는다. 자유로운 인민은 오직 법에만 복종하며, 타인에게 예종하도록 강제될 수는 없는데, 이것은 법의 힘 때문이다"라고 기술했던 것이다. 루소에 따르면, 자유란 모든 사람에게 똑같이 제한을 가하는 법에만 복종하는 것을 뜻한다. 거꾸로 말하자면, 자유가 상실된 상태란 특권이 존재하는 상태—즉 특정 개인이 다른 사람 모두에게 가해진 제한을 면제받을 수 있을 정도의 권력을 가진 상태—를 뜻한다. 루소의 이야기를 직접 들어보자.

> 시민은 법을 원하며 이 법이 준수되기를 원한다. 모든 개인들은 법 준수에 예외가 인정되면 이 예외가 자신들에게 이롭게 작용하지 않으리라는 점을 잘 알고 있다. 그리하여 이들 모두는 예외를 인정하는 관행이 나타날까 두려워하는데, 그것은 다 이유가 있는 것으로서, 바로 이러한 두려움이야말로 그들이 법을 얼마나 사랑하는지를 잘 보여준다. 하지만 지배계급의 경우는 이와 사뭇 다르다. 이들의 사회적 조건은 특권에 기반을 두고 있으며, 이들은 때와 장소를 가리지 않고 특권을 추구한다. 만약 이들이 법을 좋아하는 경우가 있다면, 그것은 그것에 복종하기 위해서가 아니라 오직 법관 노릇을 하기 위해서일 뿐이다.[8]

여기서 우리는 정치적 자유에 대한 공화주의적 생각이 자유주의적 생각과 어떻게 다른지 보게 된다. 공화주의는

8. Jean-Jacques Rousseau, *Lettres écrittes de la montagne,* in *Oeuvres complètes* (Paris : Gallimard, 1964), vol. 3, 889쪽.

우리가 타인에 예속되지 않을 때 자유롭다고 생각하는 데 반해, 자유주의는 우리가 외부의 간섭에서 벗어날 때 자유롭다고 생각한다. 어떤 사람은 간섭은 받지 않지만 여전히 예속되어 있는 경우가 있다. 예컨대 좋은 주인을 만나 제 맘대로 생활할 수는 있지만 여전히 주인을 어딘가에 두고 있는 노예의 경우가 그렇다. 반대로, 예속되지 않고 독립되어 있지만 많은 간섭 아래에서 살아가는 사람이 있을 수 있다. 예컨대 정당한 법률에 복종해야 하고 수많은 시민적 의무를 수행해야만 하는 자유시민의 경우가 그러하다. 고전적 공화주의 사상가들의 주장은 요컨대 예속이 간섭보다 자유에 대한 훨씬 고통스러운 침해라는 것이다.

한편, 민주주의는 시민들이 자신들의 의지가 반영된 법에 의해 스스로를 통치해야 한다는 내용의 정치적 자유를 내세우는데, 이는 공화주의가 말하는 정치적 자유(즉 사적 주종관계domination가 없는 상태)의 급진적 변종이라 할 수 있다. 공화주의 사상가들의 입장을 따라 정치적 자유가 특정인 또는 특정집단의 자의에 예속되지 않는 것을 의미한다고 할 때, 우리는 우리 자신의 의지에만 종속되는 한, 따라서 공동체 전체를 규율하는 규칙들에 대해 인정 또는 거부할 수 있는 권한을 누리는 자치적 정치체제 속에서 살아가는 한, 완전한 정치적 자유를 누리고 있다고 말할 수 있다.

민주주의가 말하는 자유는 주권적 의사결정 과정에 직접 참여하는 일종의 적극적 자유이다. 하지만 공화주의가 말하는 자유는 개인들이 예속에서 벗어나 있을 때, 그리고 타인이나 타집단의 자의에 좌우되지 않을 때 누리는 일종의 소극적 자유이다. 자유에 대한 이처럼 상이한 해석에서 정치적 참여에 대한 상이한 해석이 나타나는데, 민주주의 사상가들이 정치적 참여를 민주적 제도들에 의해 강화되어야 할 목적으로 간주하는 데 대해, 공화주의 사상가들은 그것을 자유를 수호하고 덕성과 자격을 갖춘 시민을 지도자로서 선출하고 사적 주종관계를 혐오하는 정치문화를 진작시키기 위한 필수적 수단으로 생각한다. 정치참여는 권력자들의 변덕 앞에 굴종하기를 거부하고, 공공선을 위해서는 기꺼이 헌신할 수 있는 수많은 시민들을 양성해낸다. 또한 그것은 비굴과 오만 모두를 거부하는 시민정신을 진작시키며, 자유라는 것이 우리가 아무런 노력을 하지 않아도 생래적으로 타고나는 것이거나 우리가 공공 회의장에 자리를 잡고 앉아 있기만 하면 그대로 누릴 수 있게 되는 그런 것이 아니라, 우리 스스로가 노력을 해야만 가지게 되며, 또 그만큼 합당한 자격을 갖추기 위해서는 많은 노력이 필요한 것이라 생각하는 정신, 바로 이런 정신을 진작시킨다.

정치적 자유에 대한 이러한 생각은 그 모든 정신적 ·

정서적 함의와 함께 자유주의적 생각(그 자유주의적 습속 ethos도 포함해서)보다 훨씬 더 공화국의 정치적 목표에 친화적이며, 더욱 이롭다. 그것은 다음의 예들이 보여주듯 예속에서 해방되는 동시에 법이 부과하는 의무와 간섭에서도 벗어나는 것은 현실적으로 불가능하기 때문이다. 여성을 남성의 사적 지배로부터 해방시키기 위해서 공화국은 남성이 누리는 선택의 자유를 법률을 통해 간섭해야 한다. 노동자를 고용주의 자의적 권력으로부터 해방시키기 위해서 공화국은 고용주가 누리는 선택의 자유를 법률로써 제한해야 한다. 많은 사람들이 시민의 지위를 즐기는 데 꼭 필요한 사회적 권리들을 누릴 수 있도록 하기 위해서 공화국은 공정한 세금을 부과해야 하며, 필요한 사회적 자원들을 모아내야 한다. 우리는 이러한 예들을 통해 예속은 반대하지만 제반 의무들은 받아들이는 (공화주의의) 정치적 자유 개념이 공화국의 주 목적에 잘 부합하고 있음을 명료하게 이해하게 된다. 예속과 간섭 모두에 반대하는 것(아마도 예속보다 간섭에 더 반대하는 것)은 진정한 공화국, 즉 예속도 없고 보스 밑에서 굽실거리는 자도 없는 상태가 나타나는 것을 방해할 뿐이다.

정치적 자유에 대한 이러한 고전적인 공화주의식 해석은 자유주의식 해석에 비해 '해방'이라는 실천적 과제에 있어 더욱 폭넓은 의미를 담고 있다. 자유주의에서 말하는 자유는 오직 간섭으로부터, 즉 개인이 가지는 선택의 자유에 간섭하는 여러 움직임들로부터 개인을 해방시킬 것을 목표로 한다. 이에 반해 공화주의가 말하는 자유는 모든 예속의 조건들로부터 개인들을 해방시킬 것을 목표로 한다. 자유주의자가 걱정하는 것은 개인적 행동의 자유가 실제로 억압되고 제한받는 것이다. 이에 반해 공화주의자는 이러한 것도 우려하긴 하지만 예속적 삶이 가져오는 의기소침을 더욱 우려한다. 오늘날 많은 민주주의 사회들에 있어서 시민적 문화는 자의적 권력과 예속적 상태가 계속됨에 따라 심각하게 위축되고 있는데, 공화주의는 이러한 결과로 병약(病弱)에 빠져버린 민주주의를 치료하는 데 일조하고자 한다.

공화주의는 정치적 자유의 사상일 뿐만 아니라 정치적 자유의 실현과 유지에 꼭 필요한 열정passion들에 대한 이론이기도 하다. 공화주의 사상가들이 수세기에 걸쳐 변함없이 이야기해 오고 있는 지혜가 하나 있는데, 그것은 오직 시민들이 시민적 비르투(시민윤리)라 불리는 품성을 가지고 있는 곳에서만 자유가 살아남을 수 있다는 것이다. 이 책에서 내가 설명하려고 노력하고 있듯이 시민적 비르투란 숭무적(崇武的)이면서 웅장하고 금욕적인 덕성이 아니라, 상업적 공화국들에서 주로 나타나는 세련되면서 평범하고 관용적인 덕성이다. 그것은 엄격성과 유머,

정직과 융통성, 무거움과 가벼움 등을 조화롭게 가지고 있다. 바로 이것이 마키아벨리가 그의 전저작과 전생애를 통해 우리들에게 가르치고자 했던 것이다.

초기 이탈리아 공화국들의 사상가들은 시민적 비르투를 나라사랑과 같은 것으로 보았으며, 공화국에 대한 진정한 사랑을 현실 속에서는 봉사와 관심의 형태로 나타나는 하나의 열정이라고 보았다. 오늘날의 민주주의 이론에 완전히 빠져 있는 것이 있다면 바로 이러한 나라사랑이다. 슬프게도 이러한 것이 빠져 있기 때문에 오늘날의 지성은 우리들에게 정치적 자유를 좋아하지 않는 애국주의자 또는 민족주의자가 되거나, 공화주의적 애국을 좋아하지 않는 자유주의자 또는 민주주의자라는 두 가지 선택만을 제시하고 있을 뿐이다.

이와 달리 과거에는 공화국이 하나의 특정한 정치질서와 생활방식, 즉 하나의 문화로 간주되었다. 예컨대 마키아벨리는 "자유로운 생활방식에 대한 애정"에 대해 이야기하였고, 그와 동시대를 살았던 다른 저자들은 공화국을 "특정 형태의 정치적 생활방식"이라 규정했다. 즉 공화주의적 애국이라는 것은 무엇보다 시민적 삶을 직접 경험하는 데서 나오는 하나의 정치적 열정이라는 것이다. 따라서 같은 영토 위에서 태어났다는 점, 같은 종족에 속한다는 점, 같은 언어를 사용한다는 점, 같은 신을 숭배한다는 점, 같은 풍습을 가지고 있다는 점과 같은 정치세계 이전의 자연적 요소들로부터는 그러한 열정이 나타나지 않는다. 공화국의 자유를 정치세계 내에서 경험하고, 그 자유를 기억하고 갈망하게 됨에 따라 정치공동체 내의 광장이나 건물들, 거리들은 그 하나하나가 소중한 의미를 띠게 된다. 공화주의 사상가들은 동일한 도시나 국가에서 거주하고, 동일한 언어를 사용하고, 동일한 신을 숭배하는 것과 같은 공통점만으로는 시민들의 가슴에 애국심이라는 열정을 불붙이기에 충분하지 않다는 점을 너무나도 잘 알고 있다. 그들에 따르면, 애국심의 대상인 진정한 조국(祖國)patria은 오직 자유로운 공화국일 수밖에 없으며, 나라사랑이라는 것은 생래적으로 타고나는 감정이 아니라 법을 통해, 아니 좀더 정확하게 좋은 정치와 공적인 삶에 대한 시민들의 참여를 통해서만 불붙게 되는 열정이다.

마가렛 커노우번Margaret Canovan이 정확히 표현했듯이, 나의 입장은 위르겐 하버마스의 입헌적 애국과는 반대인 "땅에 뿌리박고 있는 공화주의적 애국"을 방어하고 있는 것으로 묘사될 수 있다. 하버마스는 애국을 전후(戰後) 독일연방공화국의 헌법에 구현된 자유와 민주주의의 보편적 원리들에 대한 충성심 같은 것으로 생각한다. 이와 달리 나의 애국은 명백하게도 특수적(보편적이 아닌) 성격을 띠는데, 왜냐하면 내가 말하는 나라사랑은 내가 속한 공화국의 제도와 생활방식에 대한 열정적 사랑을 의미하기 때문이다. 또한 나의 애국은 다른 나라 사람들과도 적극적이고 애정을 가진 연대가 쉽게 이루어지는 그러한 것이긴 하지만, 그래도 여전히 특수적인 성격의 것임에는 변함이 없다. 하지만 "그것은 비록 특수적이며 우리와 남을 구별하는 것이긴 하지만 불관용은 철저하게 배제할 것인데, 그것은 민족주의 없는 애국이기 때문"이다. 또한 그것은 "정치공동체로 하여금 자신이 표방하고 있는 가장 높은 전통과 이상을 달성하도록 계속 채찍질한다는 점에서" 비판적 입장을 견지하고 있다. 하지만 커노우번은 내가 말하는 애국이 민족주의를 종족적 · 문화적 동질성에 대한 교조적이며 종족주의적인 집착에 불과한 것처럼 조롱하는 요즘의 경향에 영합하는 측면이 있다고 비판하면서, 내가 "비록 민족주의가 종족주의적이고 배타적 형태를 띤 사례가 많긴 하지만, 그럼에도 민족주의와 자유민주주의가 결합했던 사례들 역시 적지 않았다"는 점을 충분히 고려하지 않았다고 주장한다.[9]

물론, 나는 민족이라는 이상이 자유와 사회정의를 실현

9. Margaret Canovan, "Patriotism Is Not Enough," *British Journal of Political Science* 30(2000) : 413－32쪽. 여기서 필자는 나의 책 *For Love of Country* (Oxford : Oxford University Press, 1997)를 언급하고 있다.

하는 데 동원되기도 했다는 점을 잘 알고 있다. 가장 좋은 예는 19세기 공화주의자들의 저작에서 찾아볼 수 있다. 카를로 피사카네Carlo Pisacane가 한 예인데, 그는 1848년 혁명 당시 세상의 넓은 가슴을 가진 영혼들을 고무시켰던 민족 각성의 원리는 다름 아닌 자유의 이상이었다고 기술했다. 피사카네는 쥬제페 마치니Giuseppe Mazzini와 마찬가지로 자유의 이상이 민족주의와 상반되는 것으로 해석했다. 그에게 있어서 민족의 각성이란 한 인민 전체 의지의 자유로운 표현, 인민 전체에 공통된 하나의 이익, 완전하고 절대적인 자유와 함께 특권적 계급, 특권적 집단, 왕가가 존재하지 않는 상태를 의미했다. 그가 설명하기를, "나라사랑은 오직 자유의 토양 위에서만 자라날 수 있으며, 오직 자유만이 시민들을 공화국 방어에 나서게 할 수 있다. 군주와 대공들의 멍에 아래에서는 애국이라는 강력한 열정은 오직 사그라져 버릴 뿐이다"[10]라고 했다.

하지만 민족주의가 18세기 후반 민족주의 언어의 창시자들과 오늘날 대부분의 민족주의 사상가들이 생각하는 그런 민족주의를 의미하는 것이라면, 분명한 것은 공화주의적 애국자들과 민족주의자들은 무엇이 진정한 조국

10. Carlo Piscane, *La rivoluzione*, in Franco della Peruta, ed., *Scrittori politici dell'Ottocento* (Milan and Naples, n.d.), vol. 1, 1181, 1184쪽.

patria인가라는 핵심적 질문에서 입장이 확연히 갈리게 된다는 점이다. 민족주의 사상가들은 민족주의의 새로운 언어를 구축하기 위한 노력의 일환으로 무엇보다 먼저 자치적 공화국만이 진정한 국민nation을 형성할 수 있다는 공화주의적 원리에 대한 공격에 착수한다.* 양쪽 사상가들은 진정한 나라사랑이 무엇인지, 그리고 무엇이어야 하는지를 놓고도 의견이 갈린다. 공화주의적 애국자들에게 있어서 나라사랑은 계속해서 불어넣어야 하며, 또한 정치적 수단에 의해 끊임없이 강화되어야 하는 인공적 열정인 데 반해 민족주의자들에게 있어서 그것은 외부로부터의 문화적 오염, 문화적 동화로부터 보호되어야 할 자연스러운 생래적 감정이다. 공화주의자들의 조국은 정신적이고 정치적인 제도이며, 이에 반해 민족주의자들의 조국은 자연의 창조물이다. 공화국은 전설적인 입법가의 탁월한 능력과 지혜, 그리고 시민들의 자유로운 동의에서 기원한다. 이에 반해 민족은 신에 의해 세상에 나타난다.

한편, 공화주의적 애국이 "반(反)민족주의적이며, 민

* 우리말에도 서구에서와 마찬가지로 국민과 민족이라는 개념이 공존하는데, 여기서 민족주의자들이 의미하는 nation은 우리말의 민족에 해당하며, 공화주의자들이 의미하는 nation은 우리말의 국민에 해당한다. nation에는 역사적으로 이렇게 두 개의 의미가 혼재되어 있다.

족주의에 대조해야만 그 개념이 잘 드러나는 것"이라는 관점을 가지고 있는 에이미 거트먼Amy Gutmann은 나의 입장을 "공화국 개념을 그 구성원인 개인들에 비해 너무 높게 평가하는 경향이 있어 좀 위험하다"고 평가한다. 그는 애국이라는 개념에는 ('공동의 자유'를 실현하기 위해) 개인적 자아를 사회 아래에 두어야 한다는 생각이 내포되어 있다고 비판한다. 뿐만 아니라 그는 공화주의적 애국은 배타적으로 되는 경향이 있으며, 이러한 배타성은 민주적 교육이 표방하는 개방성과 충돌하게 되어 있는데, 내가 "자유의 대의는 세계주의자를 원하지 않으며 단지 애국자를 원할 뿐이다"라고 기술한 데에서 이러한 배타성이 잘 드러난다고 주장한다.[11]

조지 케이텁George Kateb 역시 공화주의적 애국을 "집단 정체성 및 멤버십의 한 형태"라 정의하면서 반개인주의

11. Amy Gutman, "Democracy and Its Discontents," in *Liberal Modernism and Democratic Equality : George Kateb and the Practice of Politics*, Austin Sarat & Dana Villa 편 (Princeton, N.J. : Princeton University Press, 1996)을 보시오. 또한 Amy Gutman and Dennis Thompson, *Democracy and Disagreement* (Cambridge, Mass. : Belknap Press of Harvard University Press, 1996)와 "Democratic Disagreement," in *Deliberative Politics : Essays on Democracy and Disagreement*, Stephen Macedo 편 (Oxford : Oxford University Press, 1999), 243–79쪽을 보시오.

적인 내용이 들어 있다며 우려를 표시한다. 그는 비록 공화주의적 애국이 "자유의 애국"일지라도 그것은 여전히 자유라는 정신적 · 도덕적 원리를 자신의 나라 안으로 국한시킬 필요성을 요구한다고 지적한다. 케이텁은 계속해서 자신은 나의 이야기 속에서 "성모 마리아에 대한 숭배, 성자들의 상(像)이나 그림, 또는 웅장하고 아름다운 예배당의 도움 없이는 만질 수도 없고 정신적이기만 한 신을 사랑하기는 어려울 것이라는 가톨릭적인 사유를 만나게 된다"고 기술한다. 그는 이러한 공화주의적 애국이 가져오는 해로운 결과는 그것이 애국자들에게 "불의를 당하기보다는 주저 없이 불의를 가하는 쪽을 택하도록" 가르친다는 점이며, 또한 애국이라는 것이 몇몇 예외를 빼고는 언제나 불의하거나 어리석고 불합리한 목적에 봉사해 왔음을 무엇보다 실제 역사가 보여준다고 주장한다. 그에 따르면, "근대의 입헌적 자유를 존재케 했고 유지했던 사상과 감정은 애국적인 것이 아니라 보편주의적인 것이었다."[12]

이런 주장에 대해 나는 공화주의적 애국에 마음이 움직이게 된 사람들이 근대 입헌민주주의의 탄생에 크나큰

12. George Kateb, "Is Patriotism a Mistake?" *Social Research* 67 (2000) : 901−24쪽.

공헌을 했음을 이야기하고자 한다. 이 책에서 내가 밝히겠지만, 공화주의적 애국은 영국의 "커먼웰스멘"*, 독립을 위해 싸왔던 미국인들, 프랑스의 혁명가들, 그리고 무솔리니와 히틀러에 맞서 싸우는 것이 애국적 의무라고 믿었던 이탈리아 레지스텐차의 파르티잔들 모두를 독려했다. 이런 모든 경우에서 '애국'에는 자기네 사람들의 자유를 사랑한다는 특수적이며 비보편주의적인 내용이 들어 있다는 점을 나는 확실히 인정한다. 하지만 그들의 이러한 형태의 자유에 대한 사랑이 보편적 도덕원리 형태의 자유에 대한 사랑보다 도덕적으로 낮은 것이라고 할 수 있을까? 공화주의적 애국은 민족적 경계를 넘을 수 있다. 그리고 그것은 문화적 · 종교적 차이를 극복할 수 있다. 자기네 사람들 전체의 자유를 사랑하고 존중하는 사람은 또한 다른 사람들의 자유를 사랑하고 존중하며, 이를 지키기 위해 노력하게 된다. 나는 애국자의 자유에 대한 사랑이 보편주의자의 그것보다 감정적으로 더 강하다고 주장하고 있는 것이 아니다. 나는 단지 도덕적으로 양자는 동일한 선상에 있다고 주장하고 있는 것이다. 케이텁의 비유를 활용해서 주장하자면, 구체 속에서 보여지는 신이 정신적이며 보이

* Commonwealth Men. 17세기 중엽 영국의 청교도혁명에 참가했던 공화주의자들

지 않는 신과 동일한 가치를 갖는 것처럼, 한 인민의 자유는 구체적 장소와 역사에 무관한 보편적 원리로 이해되는 개인의 자유와 동일한 도덕적 가치를 갖는다고 할 수 있다.

물론 양자 간에는 다음과 같은 차이가 있다(이것은 거트먼의 주장에 대한 나의 답변이기도 하다). 즉 자유가 없는 공화국과 자유가 없는 인민들 속에서 우리가 자유로운 개인으로 살아간다는 것은 현실적으로 절대 불가능한 일이다. 이것은 공화주의적 애국의 옹호자들이 시민들로 하여금 공동체 전체의 자유를 최고의 가치로 생각하도록 권유하면서 사실상 개인을 국가에 종속시키는 방법이 아니라, 개인의 자유를 지키는 가장 안전한 방법을 가르쳐 주고 있다는 것을 의미한다. 그리고 그들이 어떤 나라 사람이 향유하는 자유가 다른 나라 사람이 향유하는 자유보다 더 크다고 말하는 경우, 여기서 말하는 자유는 개인의 자유를 의미한다. 우리가 젊은이들에게 이러한 종류의 공화주의적 애국을 가르친다면, 믿건대 우리는 성공적으로 그들을 좋은 시민으로 교육시킬 수 있을 것이다.

하지만 좋은 시민과 좋은 정치지도자를 교육하는 일은 고전적 공화주의의 또 다른 지혜 하나를 재발견하지 않고서는 성공하기가 어려울 것이다. 즉 정치사상(또는 정치철학)은 철학이나 법학과 같은 '사이언스'(학문)science에 속하는 분과가 아니라 '레토릭'(말하는 기술 또는 수사학)rhetoric*에 속하는 분과라는 점이다. 오늘날 정치적인 글을 쓰는 사람들은 독자들의 합리적 동의를 얻기 위해 합리적인 주장들을 고안해내려는 목적에 맞춰 저작활동을 하고 논문을 작성한다. 하지만 마키아벨리나 다른 공화주의 사상가들은 정치사상을 '말하는 기술'에 속하는 활동으로 이해했고, 그렇게 실천했다. 즉 그들은 단지 독자들의 합리적 · 이성적 동의만을 얻는 것이 아니라, 그들의 열정까지 움직여냄으로써 어떤 정치적 아이디어에 대해 그 독자들에게 찬반을 설득하겠다는 목적을 가지고서 저술활동을 했던 것이다. 그들은 이성을 '말하는 기술'로써 보강하고자, 즉 '라치오'ratio를 '오라치오'oratio로써 보강하고자 했다. 이러한 이유 때문에 그들은 모범사례, 비유, 실제 이야기, 격정적 권고 등 고전 레토릭의 모든 수단들을 즐겨 동원했다.

무비판적으로 과거를 미화하는 것으로 비난받을 위험을 감수하면서 나는 이러한 과거의 방식이 현재의 방식보다 우수한 것이며, 또한 토마스 홉스에서 시작하여 존 롤즈에 이르러 완성을 보게 된 정치사상이 보였던 '말하는

* rhetoric을 일반적으로는 수사술, 수사학, 변론술이라 번역하지만 '말하는 기술'이라고 번역하는 것이 우리말에 자연스럽다.

기술'로부터 분석적인 철학으로의 이동과정은 정치사상의 스타일에 있어서 발전이 아닌 퇴락(頹落)의 과정이었을 뿐이라고 주장하고자 한다. 마키아벨리의 『군주론』이나 『로마사 논고』 같은 저작들은 문학적인 아름다움을 가지고 있다. 요즘 정치사상 저작들이 이러한 문학적 아름다움에 전혀 관심이 없다는 명백한(그리고 매우 중요한) 차이점을 차치하고서라도 철학적 작업형태의 정치사상이 오늘날의 현실정치, 특히 오늘날의 민주적 숙의결정 과정과 괴리가 있다는 점은 부인할 수 없는 사실이다. 오늘날의 정치사상가들은 입법적 논의과정을 우리 모두에게 영향을 미치는 결정을 놓고 공공 회의장에서 합리적 · 이성적 주장을 주고받는 과정이라고 전제하고 있는데, 이와 달리 고전적 공화주의자들은 공공 회의장에서 실제로 벌어지고 있는 것은 그런 합리적 · 이성적 논의가 아니라, 서로 당파적 입장에 서서 레토릭(말하는 기술)의 여러 기법들을 총동원해 가면서 갑론을박하는 것이라고 믿었다. 물론 이러한 주장들 속에는 합리적인 내용이 들어갈 것이다. 하지만 그것은 무엇보다도 듣는 사람들의 열정, 감정을 움직이는 것을 목표로 했다. 따라서 실제 존재하는 공화국은 필립 페팃Philip Pettit이 잘 지적하였듯이, 합리와 이성의 공화국이 아니라 수사와 웅변의 공화국이다.[13] 이에 대해 오늘날의 민주주의 사상가들은 수사와 웅변이 원칙과 합리성이 지배하는 공공 토론에 의해 대체되길 기대한다고 대답한다. 이러한 대답에 대해 이들보다 더욱 지성적인 공화주의자들은 시민들과 정치지도자들에게 수사와 웅변의 기술을 배울 것을 권하는 것으로써 답변을 대신할 것이다.

어떤 것을 선택하는 것이 정치적으로 더 지혜로운 것인지는 독자들이 결정할 일이다. 하지만 필자가 17세기까지 압도적인 지위를 누렸던 '말하는 기술'에 입각한 '정치사상하기'가 복원되어야 한다고 믿는 주된 이유는 그것이 더욱 효과적이라는 점에 있다. 오늘날이건 과거건 미래건, 시민들이 특정 정치적 입장에 대해 거리를 두면서 뚝 떨어진 채 이성적 · 합리적 관점에서 판단하여 찬반을 정하는 경우는 거의 없다. 만약 우리가 이성의 동의를 얻

13. 그의 *Republicanism : A Theory of Freedom and Government*(Oxford : Oxford University Press, 1999), 185－89쪽을 보시오. 마이클 월쩌(Michael Walzer)는 숙의(熟議 : deliberation)를 다음과 같이 멋지게 묘사했다 : "(숙의란) 어떤 독특한 방식의 사고과정으로서 차분하고, 반성적이며, 또한 차이가 나는 관점들에 대해 존중하면서 사실 및 증거들에 대해 폭넓게 개방적이다. 또한 그것은 입수가능한 데이터를 검토하고, 다른 대안들을 생각해 보며, 또한 적실성과 가치를 살펴보고, 그런 연후에 최적의 정책이나 인물을 선택하는 하나의 합리적 과정이다." "Deliberation, and What Else?" in *Deliberative Politics*, Macedo 편, 58쪽.

고 열정을 움직이기 위해 고안된 과거의 '말하는 기술'을 복원하여 배우게 된다면, 우리는 더욱 성공적으로 우리의 독자들과 시민동료들을 설득하여 이들이 민주공화국에 친화적인 여러 정치원리들을 받아들이고 몸소 실천하도록 이끌어낼 수 있을 것이다. 결국 이것이 정치사상의 가장 중요한 임무가 아닐까?

1장

이야기는 이탈리아에서 시작된다

근대적 공화주의는 이탈리아에서 태어났지만 20세기 후반에 공화주의가 정치사상 내에서 부활하게 된 것은 영국과 미국의 대학들에서이다. 지금도 이탈리아에서는 공화주의에 대해 입으로만 찬사를 보내고 있을 뿐이고, 정치사상 학자들은 다양한 형태의 자유주의를 논하거나 '진짜 자유주의'와 '가짜 자유주의'를 구별하는 진부한 문제를 다시 살려내는 데 주로 관심을 쏟고 있을 뿐이다.[1]

1. *Liberal* 1, no. 7 (1998) : 89-93쪽에 실린 Dario Antiseri와 Michele Salvati 간의 논쟁을 살펴보는 것이 이러한 맥락에서 유익하다. 훌륭한 예외로서는 Gian Enrico Rusconi, *Patria e repub-*

하지만 우리 모두는, 특히 우리 이탈리아인들은 이러한 공화주의의 부활에 마땅히 관심을 가져야 한다. 수세기 동안 네덜란드, 영국, 프랑스, 그리고 미국에서 꽃피운 수많은 공화주의적 사상 및 정치운동에 메마르지 않는 원천으로서 역할을 가졌던 "고전적 공화주의"가 태어난 곳이 바로 14세기와 16세기 초 사이에 이탈리아 반도에 나타났던 자유공화국들이었기 때문이다. 우리는 더 이상 이러한 사실을 기억하지 못하고 있지만, 이러한 공화주의 정치사상은 이탈리아가 근대 세계에 기여한 가장 중요한 것들 중 하나였다는 점은 잊지 말아야 한다.[2] 뿐만 아니라 이탈

---

blica (Bologna : Mulino, 1997)이 있다. 여기서 Rusconi는 "자유와 조국(patria) 개념을 오늘날의 코드와 언어에 접목시킴으로써 공화주의의 정신을 부흥시킬 것"을 제안한다. 나는 공화주의 정신의 부흥에 전적으로 동의한다. 그리고 나는 여기서 증명해 보이려 노력하듯이 고전적 공화주의와 이탈리아 인문주의가 여전히 재발견된 공화주의적 언어의 핵심이 될 수 있는 시민정신(civic virtue), 자유, 조국 개념들을 우리들에게 제공해 줄 수 있다고 믿는다.

2. 근대 정치사상가들은 이탈리아 정치에 대해 가혹한 비난을 아끼지 않았다. 토마스 홉스는 『리바이어던』 제21장의 설명이 필요없는 유명한 구절에서 진정한 정치적 자유를 담지하고 있다는 루카(Lucca)와 다른 공화국들의 주장을 다음과 같이 조롱했다 : "루카 시(市)의 성루에는 큰 글씨로 LIBERTAS (자유)가 씌어져 있다. 하지만 콘스탄티노플 사람들보다 이곳 사람들이 공동체에 대한 봉사(수고로움)로부터의 자유

리아의 공화국은, 아니 공화국들은 이 나라의 문화, 언어 그리고 도시와 시골의 모습—피렌체, 베네치아, 시에나, 제노바, 루카와 같은 이름 있는 공화국들 뿐만 아니라 기타 "잊혀진 공화국들"까지도—에 지울 수 없는 흔적을

또는 면제를 더 많이 누리고 있다고 생각할 수는 없다. 정치 공동체가 왕정이건 민주정이건 자유란 그 내용이 동일하다." 자타가 공인한 입헌주의의 대가인 몽테스큐는 이탈리아 공화국들을 자의적으로 운영되었던 국가들로 묘사하고 있고, 또한 홉스가 루카 공화국에 대해 그랬듯이 베네치아를 콘스탄티노플과 별다를 바 없는 것으로 이야기했다. 그는 『법의 정신』 중 권력분립을 다루는 장(章)에서 "이탈리아 공화국들에서는 세 개 권력이 하나로 합쳐져 있기 때문에 우리 왕국들보다 자유가 적다. 따라서 그들의 정부는 그 유지를 위해 심지어 투르크인들과 비슷할 정도로 폭력적 수단에 의존할 수밖에 없다. 모든 밀고자들이 매시간 밀고문서를 투입하고 있는 사자의 입, 그리고 국가 검찰관들을 보라"고 쓰고 있다.

미국 민주주의에 대한 기본적 텍스트 중 하나인 『페더랄리스트 페이퍼』(*The Federalist Papers*)에서 알렉산더 해밀턴이 가한 비난 역시 마찬가지로 가혹하기 짝이 없다 : "그리스와 이탈리아의 작은 공화국들의 역사를 읽노라면 이들 나라들을 끊임없이 요동시키는 혼란들, 그리고 이들 나라들을 끝없이 참주정(tyranny)과 폭민정(democracy)이라는 극단 사이에서 오락가락하게 하는 계속되는 혁명들에 대해 공포감과 역겨움을 피할 수가 없다." *The Federalist Papers* (New York : Modern Library, n.d.), 76쪽.

몽테스큐에게 있어서 이탈리아 공화국들의 중대한 결점은

남겼다.[3]

이탈리아 공화국들의 역사와 그들의 공화주의 사상 전통을 재발견하는 것은 근대 역사에 있어서 가장 풍부한 내용을 담고 있는 한 대목을 다시 살리게 되는 기회가 될

진정한 권력분립을 확립시킬 수 없다는 점이었던 반면, 해밀턴에게 있어서는 당파(factions)들 간의 투쟁이 낳은 병을 치유할 수 없었다는 점이 중대한 결점이었다. 이들 공화국들은 앞의 결점 때문에 자유의 모델이라는 지위를 부여받을 수 없었고, 뒤의 결점 때문에 끝없는 불안정성을 보여주는 부정적 사례로 비하되었다. 우리가 이러한 자유주의자들에서 마르크스주의자들로 시선을 돌려보아도 상황이 더 좋아 보이지 않는다. 안토니오 그람시는 이탈리아의 자유 코뮨들을 근대국가의 초기적이고, 경제적 길드-코포라티즘(economic-corporativist) 단계로 생각했다. 위대한 자들에게서 보이는 지적 용감함을 가지고서 그는 1530년의 마지막 피렌체 공화국의 모습에 대해 기술했다 : "마라말도(Maramaldo)가 역사적 진보를 대변하고 페루치(Ferruci)가 역사적으로 후진성을 대변한다는 점은 비록 도덕적으로는 탐탁치 않지만 역사적으로는 인정될 수 있고, 또 인정되어야만 한다." 그람시에게 있어서 자유공화국은 과거의 것, 즉 마키아벨리조차도—비록 그가 오직 절대군주만이 당시의 문제들을 해결할 수 있었음을 이해했다손 치더라도—벗어날 수 없었던 그러한 과거에 속했다. Gramsci, *Prison Notebooks*, vol. 2, Joseph A. Buttigieg 편역 (New York : Columbia University Press, 1996).

3. 즉 이탈리아인들 대부분에 의해 잊혀졌다. 하지만 모두에게서 잊혀진 것은 아니다. 매년 2월 9일에 공화주의자들, 특히 로마냐의 공화주의자들은 1849년의 로마공화국의 창립기념

것이다. 이 역사를 다시 생각해 보고 기억하는 것이 반드시 마음의 위안이나 정신적 감화를 가져다 주는 것은 아니다. 역사가들은 중세의 이탈리아 공화국들이 그 표방하는 것과는 달리 결코 자유와 정의의 공화국이 아니었음을 강조해 왔는데, 이는 맞는 말이다. 그들은 나라에 따라 다소간 차이는 있으나 대체로 가장 부유하고 가장 힘센 소수 가문들에 의해 통치되는 '과두정'(寡頭政)이었다. 과두정을 구성하는 이들 가문들은 자신들의 특권을 맹렬히 방어하려 하였고, 주변 농촌지역에서는 농민들을 폭압하였으며, 나라 전체의 이익이란 것은 안중에도 없었다.

공화주의 사상가들은 이러한 문제들을 충분히 알고 있었다. 마키아벨리는 피렌체가 제대로 된 시민군을 가짐으로써 용병군대의 해악으로부터 벗어날 수 있게 된다면 피렌체 공화국은 성내와 성밖 시골지역 어디에서나 좀더 정의로워질 것이라고 믿었다.[4] 도나토 지아노티Donato Gian-

일을 장중하게 기념한다. 1999년에는 1799년 나폴리 공화국의 창립 200주년을 맞아 이탈리아 철학연구소(The Italian Institute for Philosophical Studies)가 학술적으로나 정치적으로 중요한 의미를 지닌 행사들을 거행했다.

4. Niccolò Machiavelli, *Opere,* Franco Gaeta 편(Turin : UTET, 1984), vol. 3, 217쪽에 인용된 프란체스코 소데리니(Francesco Cardinal Soderini)가 마키아벨리 앞으로 보낸 1506년 3월 4일자 편지를 참고하시오.

notti는 피에르 소데리니Pier Soderini 집권 하의 피렌체에 대해 평하면서, "이 나라는 극소수의 권력 아래에 놓여" 있는데, 이러한 상황에서는 "저변이 넓은 정치"(broad governance, governo largo)와 그 결과 나타나는 자유롭고 평화로운 정치"는 불가능하며, "폭압적인 저변이 협소한 정치"(narrow governance)만이 가능할 뿐이라고 말했다. 프란체스코 귀차르디니는 자신의 『피렌체 정치에 관한 대화』*Dialogo del reggimento di Firenze*에서 피렌체의 자유를 상징하는 국장(國章)은 이 나라 정치현실을 반영하는 상징물이라기보다 오히려 현실을 가리기 위한 "위장이나 변명"으로 이해해야 한다고 주장했다. 1542년 루카에서는 최고위 집정관들이 자신들의 나라가 "이탈리아에서 가장 민중에 기반을 둔 정치체제이며, 백 명 가량의 대표들 앞에서가 아니면 결코 정치적 논의가 이루어지지 않는 나라"라고 자랑스럽게 선언했지만, 어떤 학자가 말했듯이 "정치적 권위가 몇몇 시민들이 아니라 몇몇 가문들에 집중되어 있다는 점이 이 나라의 문제임은 모르는 사람이 없었다."[5]

하지만 이러한 점들에도 불구하고 이탈리아의 자유공

5. Donato Giannotti, *Della repubblica fiorentian*, in *Opere politiche*, Furio Diaz 편 (Milan : Marzorati, 1974), vol. 1, 240–41쪽. 또한 Marino Berengo, *Nobili e mercanti nella Lucca del Cinquecento* (Turin : Einaudi, 1965), 31쪽도 보시오.

화국들이 궁극적으로 많은 인민들의—적어도 당시의 기준으로는 '많은'—정부 및 주권적 권한에 대한 참여를 의도했던 하나의 정치실험이었다는 사실을 부정할 수는 없다. 이 공화국들은 각급 공회(公會 : consiglio)*에 기반을 둔 대의제 정부였는데, 이들 공회는 그 전체로서 인민 또는 도시를 대표했다. 이러한 성격의 대표성은 특히 대공회(大公會 : consiglio grande 또는 consiglio maggior), 즉 대규모 회의체일수록 더욱 강했다. 정부를 이끌 인원을 뽑는 임무는 공직선출위원회들에 맡겨졌는데, 이 공직선출위원회들은 모든 후보들이 공직에 선출될 자질을 갖추고 있는지 여부를 점검했다. 만약 공직에 선출될 권리가 시민들에게 주어진다는 점이 공화주의 정치를 다른 정치체제와 구별짓는 특질 중 하나라고 한다면, 이러한 권리는 피렌체만 놓고 보더라도 인민들 사이에서 무척 광범위하게 인정되고 있었다. 하지만 시민들이 직접 정책결정 과정에 참여하는

* 이러한 공회는 대의회와 소의회로 나눠지는데, 정치가 민주적일수록 실권이 대의회에 많이 주어지고, 엘리트주의적(aristocratic)일수록 소의회에 많이 주어진다. 대의회와 소의회에 해당하는 것으로서 근대 이탈리아에서는 consiglio grande와 consiglio minor가 있었으며, 18세기경 즈네브 공화국에서는 Conseil Général과 Petit Conseil가 있었다. 참고로, 대공회의 규모는 18세기 당시 즈네브 공화국의 Conseil Général의 경우 대략 1,500명으로 구성되었다.

문제에 있어서는 상황이 상당히 달랐다. 피렌체에서는 대략 3천 개 정도의 공직이 매년 새로 채워졌는데, 이들 공직은 형식적으로 공직 담임권이 있는 시민들 중에서 실제로는 상당히 적은 수만이 맡을 수가 있었다. 한편, 유력한 가문들이 공직을 독점하려는 경향은 입법회의체들, 특히 피렌체를 구성하는 16개의 구(區), 즉 '곤팔로니' gonfaloni의 공회들의 힘에 의해 상쇄되었다. 이 공회에 참석하는 시민들은 스스로를 근대적 의미의 '대의제 원리'에 따라 시민들의 의사를 정부에 반영하는 대표로 생각했으며, 다른 사람들도 또한 그렇게 생각했다. 마테오 팔미에리Matteo Palmieri는 자신의 저작 『시민적 삶』*Vita Civile* (1435-1440)에서 "훌륭한 시민이라면 자신이 나라의 어떤 부분을 대표하여 선출되었든지 간에 일단 국정을 맡은 이상 무엇보다 나라 전체의 보편적 이익을 대변해야 한다"고 기술했다. 피렌체인들은 다른 공화국 시민들과 마찬가지로 (야망 때문이건 이익이나 시민적 자부심 때문이건 간에) 입법회의체에 참여하고 공직에 선출될 수 있기를 열망했는데, 그들이 그것을 얼마나 열망했는지는 1494년 콘실리오 그란데 Consiglio Grande, 즉 대공회가 설립되었을 때 보여준 시민들의 엄청난 열광을 보면 알 수 있다.[6]

6. Nicolai Rubinstein, "Machiavelli and the Florentine Republican

여러 공화국들을 일관하는 원칙적 요소가 하나 있다면 그것은 시민들로 구성된 '나라' la città, 즉 시민공동체 개념이다. "받들어 모셔야 할 주군은 없었다. 오직 시민들만이 집권자들의 관심의 중심에 있었다"고 마리오 아셰리 Mario Ascheri는 시에나의 '9인위원회' Nove 시대(1287–1355)에 대해 기술했다. 시에나에 과두적인 정부가 들어서 있었던 이 대략 70년의 기간 동안 2천 내지 3천 명의 시민들(전체 시민 4만 내지 5만 중에서)이 국가의 공직을 나눠 맡았다.[7] 이탈리아 공화국들에서는 이러한 참여가 성문법에 의해 제도적으로 보장되었다. 성문법은 특정 가문이나 특정인이 정권을 잡거나 공권력을 독점하는 것을 최대한 어렵도록 제도화시켜 놓았다. 예컨대 시에나의 경우, 최고위직—'9인위원회 위원'—에 선출되는 정치가는 오직 2개월만 그 직위에 재임할 수 있었고, 다시 선출되려면

Experience," in *Machiavelli and Republicanism*, Gisela Bock, Quentin Skinner, Maurizio Viroli 편 (Cambridge, U.K. : Cambridge University Press, 1990), 9–15쪽을 참고하시오.

7. Mario Ascheri, "La Siena del 'Buon Governo' (1287–1355)," in *Politica e cultura nelle repubbliche italiane dal Medioevo all'età modernaç Firenze, Genova, Lucca, Siena, Venezia,* Mario Ascheri & S. Adorni Braccesi 편 (Rome : Istituto Storico Italiano per l'Età Moderna e Contemporanea, 2001).

법에 따라 20개월을 기다려야 했다. 뿐만 아니라 선출이 '추첨'에 의해 이루어졌기 때문에 아무도 '9인위원회'에 선출되는 데에 대해 자신할 수가 없었다. 끝으로 가족이나 친척, 또는 동업자나 사업관계자가 다른 공직을 맡고 있는 경우에는 법에 따라 9인위원회로 선출되는 것이 엄격히 금지되었다.

오늘날조차 현실성이 떨어지는 민주주의적 유토피아로 치부되는, 공직자들을 소환해서 자신들의 업무수행에 대해 책임지도록 하는 제도가 그 당시 이탈리아 공화국들에서는 실제로 널리 시행되고 있었다. 임기가 끝나게 되면 선출직 집정관들은 감사에 관한 상당한 실권을 가진 특별위원회에 의해 조사를 받았다. 시에나의 경우 '마지오르 신다코'Maggior Sindaco라는 이름의 대감사위원회(大監査委員會)가 있었는데, 이 위원회의 임무는 임무수행에 있어 법령이 정한 절차가 철저하게 지켜지도록 하는 것이었다. 이런 것은 시에나에서만 그러했던 것은 아닌데, 제노바의 경우에도 모든 공직자들의 활동은 법에 의해 규정된 기준들에 따라야 한다는 원칙이 오랫동안 지켜졌으며, 또한 법의 준수를 보장하기 위해 "특별 정부조직, 즉 신다코에 의해 이루어지는 감사제도가 있었다." 제노바의 법률가들과 정치가들은 처벌의 위협을 통해 법집행자들로 하여금 법을 철저히 준수토록 하는 것이 공

화국의 자유를 지키는 데 있어 핵심적인 원칙이라 생각했다.[8]

최근의 역사연구는 19세기 초에 발표된 시몽드 드 시스몽디Simonde de Sismondi의 『중세 이탈리아 공화국들의 역사』*Histoire des républiques italiennes du moyen âge*의 내용이 대체적으로 맞는 것으로 인정하고 있다. 시스몽디에 따르면, 이탈리아 공화국들은 근대적 형태의 자유에 대한 기초적 경험을 제공했다고 볼 수 있는데, 왜냐하면 고대 아테네나 로마와 달리 이들 공화국은 자신들의 경제적 · 사회적 생활을 노예제에 의존하지 않고 영위할 수 있었고, 또한 이들 공화국에서는 멋지게도 자유가 부의 추구나 지성적이며 예술적인 삶과도 양립가능했기 때문이다. 실제로 이들 공화국은 "사람들이 자신들의 개인적 이익을 증진하고 자신들의 생업적 · 지적 · 정서적 능력의 발전, 그리고 행복증대를 도모할 수 있도록 통치하는 과학"을 최초로 만들어냈고, 또한 이러한 새로운 정치학을 전유럽에 퍼트렸다. 이러한 좋은 통치를 위한 과학과 함께 "지혜로운 헌정체계, 임무에 매진하는 공직자들, 애국심에 충만하여 위대한 일을 도모할 수 있는 시민들을 탄생키면서 이들 국가들 속

8. R. Ferrantoe, "Legge e repubblica : L'esperienza genovese fra XIV e XVI secolo," in *Politica e cultura*, Acheri & Braccesi 편.

에서 서서히 익어가던 공화주의적 시대정신이 마침내 꽃을 피웠다."[9] 시스몽디의 이러한 관찰은 훗날 카를로 카타네오Carlo Cattaneo가 쓴 『시민공동체, 그 이탈리아 역사의 이상적 원칙』(1858)*La cittá considerata come principio ideale delle istorie italiane*에 의해 재확인된다. 카타네오는 이탈리아 공화국들, 특히 피렌체는 "시민적 긍지와 권리를 최하층 평민들에게까지 퍼뜨렸"으며, 따라서 "노예계급에 의해 지탱되는 귀족시민들이 구성한" 고대 아테네 민주정보다도 훨씬 훌륭한 업적을 달성했다는 점에서 마땅히 찬사를 받아야 한다고 거듭 주장했다.[10]

자유공화국들이 공적인 삶에 대한 참여를 통해 시민들에게 불어넣었던 "시민의 존엄과 권리에 대한 인식"은 수세기 동안 유지되어 오면서 이탈리아의 취약한 민주주의를 그나마 받쳐주는 하나의 힘으로 남아 있다. 이 점은 수년 전 로버트 퍼트남Robert Putnam의 연구에 의해 세인의 주목을 받게 되었는데, 그는 고문서와 지도를 동원해 가며 오늘날의 이탈리아에서 민주주의가 가장 잘 작동하고

9. Simonde de Sismondi, *Storia delle repubbliche italiane*, Pierangelo Schiera 편 (Turin : Bollati Boringhieri, 1996), 5쪽.

10. Carlo Cattaneo, "La città considerata come pricipio ideale delle istorie italiane," in *Opere scelte,* Delia Castelnuovo Frigessi 편 (Turin : Einaudi, 1972), vol. 4, 123쪽.

있는 지역은 과거 공화주의적 자치정부가 있었던 지역임을 입증하였다.[11*]

어떻게, 그리고 왜 이렇게 수세기나 된 생활방식이 시간을 넘어서 계속 살아남게 되었는가? 이것은 쉽게 이해하기 어려운 미스터리이다. 하지만 공적인 삶에 참여하는 시민들이 대를 이어 군주 또는 교황의 신민(臣民)으로 계속 살아가는 사람들과는 다른 사고방식을 키워나가리라는 것은 쉽사리 짐작할 수 있다. 즉 전자의 사람들은 시민으로 살아가는 기술을 배울 것이며, 후자의 사람들은 신민으로 살아가는 기술을 배울 것이다. 이것이 중요한 차이다.

이러한 시민적 존엄에 대한 인식 외에 초기 근대 이탈리아 공화국들은 우리들에게 몇 가지 중요한 이론적 원리들을 또한 물려주었다. '독립적인 공화국' 개념이 그 중 하나이다. 고전적인 자유 개념을 개발한 사람들은 14세기 이탈리아의 법률가들과 철학자들이었는데, 이들은 황제의 의지에 의존하는 나라, 황제로부터 법령을 내려받는 나라,

11. Robert Putnam, *Making Democracy Work* (Princeton, N.J. : Princeton University Press, 1993)를 보시오.
* 퍼트남은 이 연구를 통해 '사회자본'(social capital)이라는 용어를 유행시켰는데, 이 개념은 virtù, virtue를 현대적으로 재해석한 것으로 이해할 수 있다.

그리고 황제로부터 승인을 받아야 하는 나라는 스스로를 자유로운 국가라 부를 수 없다는 원리를 만들어냈다. 자유를 가지고 살아가는 나라("que vivunt in propria libertate")는 자치정부(즉 자신의 정부 : "proprio regimine")를 가진다. 바르톨루스 디 사소페라토Bartolus di Sassoferrato의 유명한 표현을 빌리자면, 이러한 나라들은 자신들 위에 어떤 권위도 인정하지 않기 때문에("civitas quem superiorem non recognoscit"), 그 인민은 자유로운 인민("populus liber")이다.

이들 공화국의 또 다른 이론적 기여는 로마법에서 따온 '쿠오드 옴네스 탄지트' (quod omnes tangit) 원리인데, 이 원리에 따르면 "전체와 관련되는 것은 주권을 가진 시민단(市民團) 전체가 법을 준수하면서 법이 정한 절차에 따라 결정해야 한다." 공화주의 사상가들은 나라 전체와 관련된 공적 논의 및 결정이 시민단 전체를 대표하는 공회에 맡겨지게 되는 경우, 이러한 주권적 결정은 통치자들이나 특정 정파, 특정 사회집단의 사적 이익보다는 공공의 이익을 보장하는 방향으로 이루어질 것이며, 따라서 시민들을 예속으로부터 보호하게 될 것이라고 설명을 붙인다.[12]

12. "Laudatio Florentinae Urbis," in *From Petrarch to Leonardo Bruni*, Hans Baron 편 (Chicago : University of Chicago Press, 1968),

이후 몇 세기 동안 사상가들은 세 가지 통치방식—일인의 통치(군주정), 소수의 통치(엘리트 정치 또는 귀족정), 다수의 통치(민중정부 또는 민주정)—의 좋은 점만을 합친 혼합정(混合政)으로서의 공화국에 대해 이론을 전개했다. 혼합정 이론을 실제로 실천에 옮긴 후 나타나게 된 결과에 대해 가장 많은 기록을 가지고 있는 곳은 역시 베네치아 공화국이다. 베네치아의 역사가나 정치가들 외에도 혼합정을 면밀히 검토했던 16세기 정치사상가들로는 니콜로 마키아벨리, 프란체스코 귀챠르디니, 도나토 지아노티가 있다. 이들 사상가들은 근대 공화주의를 고도의 이론적 수준으로까지 끌어올렸으며, 이에 따라 어떤 이들이 표현하듯이 공화주의의 "고전적" 국면을 창출해냈다. 이들은 혼합정 이론이 무엇보다 공화국이 다음과 같은 정부의 세 가지 핵심적 기능을 확보해야 한다는 정치적 필요성을 충족시킨다고 봤다 : 첫째, 최고위 결정의 신속한 집행과 대외정책 및 정부 기타 활동의 조율과 감독(베네치아에서는 이러한 역할이 종신직 통령, 즉 종신직 도제doge 또는 곤팔로니에르gonfalonier에게 주어졌다) ; 둘째, 여러 가지 정치적 능력들을 충분히 모아내기(즉 경험이 가장 많고 가장

260쪽을 보시오. 원전은 *Corpus iuris civilis, Codex* 5.59.5.2 : "Quod omnes similiter tangit, ab omnibus comprobetur."

존경받는 시민들을 모아낸 원로원) ; 셋째, 독재체제를 수립하거나 당파적 이익을 관철시키려는 어떠한 시도도 막아낼 수 있는 믿음직스러운 방파제(법률을 인준하고 실제적으로 통치를 담당할 집정관들을 선출하는 권한을 가진 대규모의 확대된 공회). 뿐만 아니라 혼합정 이론은 국가를 구성하는 모든 집단들이 공적인 제도 속에서 각자 적절한 역할을 가질 수 있도록 보장한다. 통령(doge 또는 gonfalonier)직은 공화국의 다른 주요 직책과 더불어 가장 야심찬 시민들의 구미를 충족시킬 수 있었다. 원로원senate, 즉 베네치아의 '프레가디' Pregadi 같은 구성원이 제한된 공회는 '중간' 시민들의 야심을 충족시킬 것이다. 마지막으로 대규모 공회(대공회)는 명예나 영광에 대한 특별한 야심이 없고, 단지 공화국이 정의롭지 못한 법을 통과시키거나 사악하고 부패한 인사를 공직에 앉히는 것을 막기만을 바라는 일반시민들의 요구를 충족시킬 수 있다.

하지만 마키아벨리, 귀차르디니, 지아노티는—"잘 제도화된 공화국"의 혼합정부가 달성해야 하는 목적이 무엇인지에 대해서는 의견이 대체로 일치하지만—다양한 기관들에게 구체적으로 어떤 권한을 주어야 할 것인지에 대해서는 서로 의견이 달랐다. 귀차르디니는 확대공회(또는 대공회)에 법을 인준하거나 인준을 거부하는 권한 외에 자유토론을 통해 그 스스로가 법을 제안할 수 있는 능력까지도 부여하자는 마키아벨리가 『로마사 논고』에서 제시한 모델은 "끊임없는 혁신, 따라서 끊임없는 혼란을" 야기하게 될 것이라고 생각했다. 이러한 문제점을 제거하기 위해서 그는 "집정관을 선출하는 것처럼 다른 사람들에게 맡기면 자유 자체가 위험해질 수 있는 문제들을 제외하고는 어떤 중요한 문제도 민중들에게 맡겨져서는 안 된다. 반면, 입법은 오직 최고위 집정관들과 원로원에 의해서 검토되고 동의된 이후에만 민중들에게 이관될 수 있으며, 이렇게 최고위 집정관들과 원로원에 의해 만들어진 법은 민중의 동의 없이는 결코 효력이 발생되어서는 안 된다"고 주장했다.[13]

반면, 지아노티는 공화국이 민중적 요소를 강하게 가지는 것이 가장 좋은 선택이라고 믿었다. 그에 따르면, 공화국을 구성하는 모든 집단들(계급, 계층)이 동일한 무게를 가진다면 각 집단은 다른 집단들을 누르려고 노력할 것이며, 이는 끊임없이 사회적 · 정치적 불안정을 가져올 위험이 있다. 그는 이러한 위험을 방지하기 위해서는 공화국의 특정 집단(계급, 계층)이 다른 집단들 우위에 서도록 하는 것이 필요한데, 이는 물론 이 우위적 집단이 다른 집

13. Francesco Guicciardini, *Considerazioni intorno ai "Discorsi" del Machiavelli*, in Niccolò Machiavelli, *Discorsi sopra la prima deca di Tito Livio*, Corrado Vivanti 편(Turin : Einaudi, 1983), 526쪽.

단들을 배제하면서 당파적 이익을 추구하기 위해, 즉 자유를 파괴하기 위해 권력을 행사하지는 않는다는 조건 하에서이다. 공화국에서 이러한 지배적 역할을 수행할 수 있는 유일한 사회집단은—마키아벨리와 유사한 지아노티의 관점에 의하면—민중이다.[14]

혼합정부를 어떻게 제도화하는 것이 최선인가에 대해서 서로 의견이 다름에도 불구하고, 공화주의 사상가들은 좋은 정부가 권력분립을 통해 법의 지배를 비켜가려는 자의적 권력—한 명 또는 소수 또는 다수의 자의적 권력—이 형성되는 것을 막으려는 정부라는 점에는 의견이 일치한다. 이들에 따르면 민중의 무제한적 권력은 폭군정만큼이나 해롭다. 마키아벨리는 그의 『피렌체사』에서 "폭군정은 착한 사람들을 불쾌하게 하고, 민중의 무제한적 권력은 지혜로운 자들을 불쾌하게 한다. 폭군정은 나쁜 행위를 쉽게 하며, 민중의 무제한적 권력은 좋은 행위를 잘 못한다. 폭군정에서는 너무 큰 권한이 오만한 자들에게 주어지며, 민중이 무제한의 권력을 가진 정부에서는 너무 큰 권한이 우매한 자들에게 주어진다"고 기술했다.[15] 마키아벨리는 또 다시 루카의 정치적 제도를 칭찬하는데, 왜냐

14. Giannotti, Della repubblica fiorentina, 214쪽.

15. Niccolò Machiavelli, *Istorie fiorentine,* IV.1; *Opere,* Alessandro Montevecchi 편, vol. 2, 468–69쪽을 보시오.

하면 이 나라에서는 안치아니Anziani라 불리는 원로들이 "일반시민들보다 우월한 권한"을 가지고 있지 않았기 때문이다. 마키아벨리에 따르면, 이들 원로들이 공화국의 최고위 집행자로서 누리는 권위가 이미 대단했기 때문에 "만약 여기에 제도적 권한까지 덧붙여진다면 단시일 내에 좋지 않은 결과가 나타나게 될 것이다."[16] 아마도 이탈리아의 공화국들은 18세기 영국이 달성했던 만큼의 권력분립을 달성할 수는 없었을 것이다. 하지만 이탈리아의 공화주의 사상가들은 몽테스큐의 『법의 정신』을 읽지 않고서도 정치적 자유는 오직 권력이 법과 다른 권력에 의해서 제한되는 곳에서만 존재할 수 있음을 너무나도 잘 알고 있었다.

이탈리아 공화국들은 이후 군주국들과 외국의 지배에 굴복하고 만다. 1530년에 마지막 피렌체 공화국이 붕괴된 이후 공화주의는 복잡한 변형과정과 군주정 및 왕정의 시대라는 정치적 · 지성사적 환경에 적응하는 과정을 겪게 되는데, 공화주의의 이 단계는 학계로부터 거의 관심을 받지 못해왔다.[17] 공화국이 왕국으로 이행하는 것에 대한 역

16. Niccolò Machiavelli, *Sommario delle cose della città di Lucca,* in *Opere politiche,* Corrado Vivanti 편 (Turin : Einaudi – Gallimard, 1997), vol. 1, 718–19쪽.

17. 중요한 한 논문에서 엘레나 구아리니(Elena Fasano Guarini)는

사적 판단은 그 판단기준이 민족국가냐 자치정부냐에 따라 달라진다. 중앙집권화된 왕국을 이탈리아 도시들로부터 자율권과 그간 축적해 온 부를 마음대로 처분할 권리를 박탈한 압제권력으로 보는 사상가들은 공화국의 종말을 자유의 종말과 같은 것으로 생각했다. 반면, 안토니오 그람시같이 근대기의 정치적 과제를 근대적 영토국가의 형성으로 본 사상가들은, 몽테스큐처럼 영국의 입헌군주정

16세기 피렌체 망명객들 사이에서 공화주의 정치의 가치들이 어떻게 살아남을 수 있는지에 대한 복잡하면서도 매혹적인 역사를 재구성했다. 그녀는 기술하기를, 그 세계는 "조국으로 돌아갈 것인가 아니면 자신들을 받아준 나라들에 새롭게 적응해서 살 것인가라는 상반되는 유혹을 끊임없이 느끼며 흩어지거나 유랑하는" 삶의 세계였다고 한다. 하지만 그녀는 또한 16세기 이탈리아 공화주의의 역사는 단지 망명가거나 정치적으로 패배한 피렌체인들의 역사나 "피렌체 아카데미와 같은 어용기관을 통해 심지어 피렌체 내부로 스며들어 가는 조심스럽고 눈에 띄지 않는 정치적 반대"의 역사로 요약될 수는 없다는 점을 조심스럽게 지적한다. 역사가들은 "(피렌체보다) 오래 지속되었던 좀더 '조용했던' 공화국들, 특히 이들 공화국들이 자기들을 스스로 어떻게 설명하였는지, 그리고 그러한 이미지가 어떻게 받아들여졌는지, 또 이렇게 전개된 공화주의적 언어 및 이 언어가 피렌체 공화국과 어떻게 부합되었고 어떻게 틀어졌는지"에 대해서도 관심을 가져야 한다. 그녀의 "Delino e durata delle repubbliche e delle idee repubblicane nell'Italia del Cinquecento," in *Libertà politica e virtù civile,* ed. Viroli를 보시오.

을 근대 상업적 사회를 보호하고 발전시키는 데 가장 적합한 정부형태로 본 사람들과 의견을 함께 하면서 이탈리아 공화국들의 쇠퇴를 한 단계 진보하는 것이라며 환영했다.[18]

하지만 프랑코 벤투리Franco Venturi가 그의 멋진 소책자인 『계몽주의의 유토피아와 개혁』*Utopia e riforma nell'-Illuminismo*에서 입증하였듯이, 근대 세계를 여는 중요한 역할을 가졌던 것은 왕국들이었고, 공화국들은 박물관의 유물에 불과하고 공화주의 자체는 근대성에 대한 복고풍의 비판에 불과한 것으로 주장하는 것은 역사적 판단으로서 문제가 많다. 우리는 17세기 공화국들을—가장 대표적인 것으로서 네덜란드 연방공화국—절대왕정들의 팽창주의, 권력추구, 국가이성 앞에서 평화와 복지, 자유와 관용을 확립시키려는 완전한 근대적 관점으로서 당당히 자랑할 수 있다. 뿐만 아니라 공화주의 전통은 계몽주의, 즉 어떤 것보다 근대 세계의 건설에 가장 큰 기여를 한 사상체계의 가장 중요한 원천 중 하나였다. 18세기 중엽의 프랑

18. 심지어 정치사상사를 연구하는 학자들 사이에서도 공화주의가 당대(當代)에 대한 한물 간 고대적 관점의 비판으로서 왕정기간에 잔존했었다는 생각이 널리 퍼져 있다. J.G.A. Pocock, "La republica come critica del mutamento storica," in *Libertà politica e virtù civile*, Viroli편 참고하시오.

스에 대해 벤투리는 이렇게 기술했다:

> 공화주의를 실현했던 국가조직의 모습이 이제 한물 간 쇠락해 가는 유적으로만 보이던 와중에도 공화주의적 정신만은 여전히 건재했다. 그리하여 세상은 이미 바뀌었지만 공화주의적 우애나 공화주의적 의무감, 공화주의적 긍지 같은 것은 여전히 살아남아 있었다. 심지어 이런 것들이 왕국의 심부에서도, 또한 절대주의 세계에 완전히 동화되어 버린 것처럼 보이는 사람들의 마음 깊은 곳에서도 살아남아 있었다. 계몽사상가, 즉 볼테르, 디드로, 달랑베르, 그리고 당연히도 루소를 매혹시킨 것은 이러한 공화주의 전통의 윤리적 측면이었다. 이것은 18세기 중엽 파리에서, 그리고 『백과전서』를 만든 사람들 사이에서 정치가 아닌 도덕의 차원에서 형성된 새로운 삶의 비전과 융합되었다.[19]

하지만 몇몇 학자들은 프랑스혁명의 와중에서 공화주의적 에토스는 상업사회에 비판적이고, 정치적 의지의 우선성 및 자유와 전제주의의 엄격한 이분법을 강조하고, 또 매 상황을 정치공동체가 분열의 위험에 봉착한 위기의

19. Franco Venturi, *Utopia and Reform in the Enlightenment* (Cambridge, U.K. : Cambridge University Press, 1971), 71쪽.

순간으로 여기는 이데올로기로 전락했다고 주장한다.[20] 정말 자코뱅의 공화주의가 이러한 특징들을 가지고 있었다면 이러한 식의 공화주의는 고전적 공화주의로부터 엄청나게 이탈한 것임이 확실하다. 어떤 고전적 공화주의 저작에서도 상업사회에 대한 비판은 찾아볼 수 없다. 오히려 상업, 교역, 금융, 기업가 정신에 대한 찬사가 많았다. 공화주의가 "공포의 언어"로 "변질"된 점과 관련하여 마키아벨리의 『로마사 논고』에 나오는 한 문장을 인용하는 것만으로도 자코뱅 공화주의와 고전적 공화주의의 차이가 충분히 명확해질 것이다. 마키아벨리는 독재에서 자유로 이행하는 것을 설명하면서 다음과 같은 통찰을 보여준다:

> 우리는 계속되는 형벌과 괴롭힘을 통해 백성들의 정신을 계속 긴장시키고 공포에 사로잡히도록 하는 것이 공화국이나 군주에게 얼마나 해로운지 잘 알고 있다. 의심할 여지없이 이보다 더 해로운 정치는 없을 텐데, 왜냐하면 자신이 피해를 당하고 있다고 생각하기 시작한 사람은 어떤 수단을 써서라도 위험을 피하려 하며, 또한 새로운 수단을 강구해내는 데 훨씬 대담해지

20. K. Backer, "Le trasformazioni del repubblicanesimo classico nella Francia del Settecento," in *Libertà politica e virtù civile,* ed. Viroli 를 보시오.

고 덜 주저하게 된다. 그리하여 절대 어느 누구에게도 해를 입히지 말든지, 가해하려거든 한번 강하게 가하고는 이후에는 사람들을 안심시키고 이들의 정신을 조용하고 평온하게 만들어 주는 것이 절대로 필요하다.[21] ”

따라서 정치적 의지의 우선성 및 사회적 · 정치적 단합, 그리고 공포를 찬양하는 공화주의는 고전적 원형으로부터 멀어져도 한참 멀어진 것이다.

19세기 정치사 및 지성사에서 프랑스와 영국의 공화주의는 양국의 입헌적 정치체제가 만들어지고 자리잡아가는 오랜 동안 자유주의와 함께 했다. 이탈리아에서는 무엇보다도 마치니가 옹호해 준 덕분에 공화주의는 독립과 평등한 시민적 · 정치적 존엄의 이상이 되었다. 고전적 공화주의자들은 나라 안에서 일부 사람들만이 완전한 정치적 권리를 가진다고 생각한 반면, 마치니는 공화국이 모든 사람들의 나라가 되기를, 즉 가난하거나 피부색이 다른 사람도 결코 자신의 나라에서 이방인이라는 느낌을 받지 않는 나라가 되기를 바랐다. 마치니는 진정한 공화국이라면 가난한 사람들, 여자들, 흑인들을 배제해서는 안 되며, 모

21. Machiavelli, *Discourses on Livy*, I. 45.

든 시민들이 진정한 시민적 삶에 필요한 존엄성을 가지도록 하기 위해 정치적 평등 외에 교육과 근로에 대한 권리까지도 보장해야 한다고 생각했다.[22]

22. 마치니는 "용감하고 열정적인 영국 여성들"이 쟁취하고자 투쟁했던 평등은 "계급이나 신분고하를 구분치 않고 평등의 문제를 놓고 투쟁하는 양식과 논리를 갖추고 두려움을 모르는 모든 사람들에게 성스러운 것으로 간주되어야만 한다"고 기술했다[Emilia Venturi 앞 1870년 5월 2일자 서한, in *Scritti editi e inediti di Giuseppe Mazzini* (Imola : Paolo Gallati, 1906), vol. 89, 152–59쪽]. 미국에서 흑인들에게 투표권을 줄 것인가라는 문제에 대해 한 미국인에게 보낸 서한에서 그는 "당신들은 노예제를 폐지했습니다. 이 폐지는 당신들의 영광된 투쟁의 정점이며, 당신들의 수많은 전투들에 담겨진 종교적인 의미였습니다. 이러한 의미가 없었다면 그 전투들은 통탄할 만한 살육에 불과했을 겁니다. 당신들은 공화국의 태양은 모두에게 동등하게 내리 쬐일 것이며, 신이 하나이므로 자유가 단지 우발적 사건이 아니라 신앙이며, 신의 목소리인 축복받은 땅 위에서는 인류라는 이름 역시 오직 하나일 뿐이라고 선언했습니다. 당신들은 이러한 원칙을 난도질해 버릴 수 있나요? 당신들은 이 원칙을 왕정들에서 보여지는 반쪽자리 자유에 걸맞은 수준으로 내려버릴 수 있나요? 또한 당신들은 당신들 어느 누구가 반쪽짜리 인간이 되는 것을 참을 수 있나요? 당신들은 반쪽짜리 책임이라는 교의를 선언할 수 있나요? 당신들은 아메리카의 공화주의적 토양 위에 중세 때처럼 정치적 노예라는 특정 신분을 정할 수 있을까요? 그리고 투표 없이 자유가 도대체 존재할 수 있는 건가요?" (Conway 앞 1865년 10월 30일자 서한, in *Scritti editi e inediti*, vol. 88, 163–64쪽).

이탈리아 공화주의는 마키아벨리의 "인민은 자유를 유지하기 위해 자유를 자신의 수중에 쥐고 있어야 한다"는 구절을 즐겨 인용한 카를로 카타네오Carlo Cattaneo를 통해 정치적 자유에 대한 연방주의적 사상으로 변모되었다. 카타네오는 실제로 인민은 자치정부에 의해서만 자신의 자유를 유지할 수 있다고 믿었으며, 그는 공화국과 자유는 같은 것이라 생각했다. 그래서 그는 "공화국이란 자유다"라고 썼다. 그리고는 여기에 다음과 같은 매우 중요한 몇 마디를 덧붙였다 : "공화국은 다원성(多元性)이며 복수성(複數性)이다. 즉 공화국은 연방성(聯邦性)이다." 노르베르토 보비오Norberto Bobbio에 의하면, 이 말의 의미는 "단원적(單元的) 국가는 그 본질상 권위주의적으로 되지 않을 수 없으며, 따라서 결국 고압적이며 전제적이 될 수밖에 없는데, 왜냐하면 단원성은 어쩔 수 없이 자율성과 자유로운 창의를, 즉 한마디로 자유를 질식시키기 때문이다 ; 자유를 진정으로 보장하는 것은 오직 정치적 구심이 다수라는 점, 즉 오직 다원적이며 획일화되지 않은 단합, 즉 무차별적 단합이 아닌 다양성을 함유한 단합이다 ; 이것이 사회가 번영하고 시민적 발전을 가져오는 유일한 환경이다"라는 것이다.[23] 무엇보다 카타네오는 다음과 같이 이탈리아 역사 자

23. Carlo Cattaneo, *Stati uniti d'Italia*, ed. Norberto Bobbio (Turin :

체가 가장 중요한 측면에서 연방적인 공화국 쪽으로 기울었다고 믿었는데, 이는 옳은 믿음이다 : "공화주의적 영혼이 모든 곳에서 발현하도록 하는 것은 우리 민족에게는 너무나도 익숙한 것이다. (중략) 우리 민족은 이러한 정부형태 말고는 위대한 업적을 달성하는 방법을 몰랐다."[24]

Chiantore, 1945), 34−35, 149쪽. 보비오는 "카타네오가 신념에 있어서, 따라서 본질에 있어서 자유주의자이며 연방주의자"였지만 "행동에 있어서, 즉 우발적 상황에 의해 공화주의자"가 되었던 것(32쪽)이며, 그는 그의 연방주의를 자유주의에서 도출했고, 특히 콩스탕(Benjamin Constant), 시스몽디(Sismondi), 토크빌(Tocqueville)에 크게 영향을 받았던 것으로 생각했다. 하지만 카타네오의 연방적 공화국은 미합중국과 스위스를 그 모델로 삼았던 것으로서 자유주의가 아니라 공화주의적인 정치사상에서 전개되어 나온 것이었다. 이를 입증하는 데에는 『페더럴리스트 페이퍼』의 한 구절을 인용하는 것만으로도 충분하다 : "유니언(미연방)의 크기와 적절한 구조 속에서 우리는 공화정부에 자주 나타나는 병증에 대한 공화주의적 치료법을 찾아낼 수 있다. 공화주의자라는 점에 대해 우리가 느끼는 즐거움과 긍지의 정도에 따라 (그 치료법은) 연방주의자들의 정신과 성격을 소중히 여기고 지지하는 데 있다"(62). 여기에 우리는 카타네오가 지역적 자치의 가장 달콤한 결실이라며 찬사를 보냈던 시민적 의식(civic sense)을 토크빌은 "공화국의 반성적 애국"(reflective patriotism of a republic)으로 설명했다는 점을 덧붙여야 한다.

24. Carlo Cattaneo, *Scritti politici ed epistolario*, ed. Gabriele Rosa & Jesse White Mario (Florence : Barbera, 1894), vol. 1, 263쪽.

2장

자유의 새로운 이상향

공화주의는 옛 시대로 거슬러 올라가는 고매한 전통일 뿐만 아니라, 새롭게 나타나기도 하고 또는 재발견되기도 하는 정치적 자유의 이상향이기도 하다. 오늘날 공화주의 사상가들이 주장하는 바에 따르면, 진정한 정치적 자유는 자유주의자들이 주장하는 것처럼 (개인들이 하고 싶거나 할 수 있는 행동에 있어서) 다른 개인들이나 기관들로부터 간섭을 받지 않는 것으로 그치는 것이 아니라, 사적(私的)인 형태의 주종적 지배dominazione(또는 예속dipendenza) 자체가 존재하지 않는 상태를 의미한다. 여기서 어떤 사람이 주종적 지배와 예속관계로부터 자유롭다는 것은, 법의 제재를 두려워함이 없이 언제라도 남을 마음대로 억압할 수 있는 특정 개인이나 기관들의 자의적 의지에 종속되어 있지 않음을 의미한다.[1]

간섭 또는 방해를 받는다는 것과 예속되거나 사적 주종관계에 놓여 있다는 것의 차이가 무엇인지를 명확히 이해하기 위해 몇 가지 예를 들어보기로 한다. 다음의 경우들이 그러한 예에 속한다. 즉 시민들이 법을 전혀 두려워하지 않는 독재자나 과두지배계급에 의해 핍박받는 경우, 여성이 자신의 남편으로부터 학대를 당하면서도 전혀 저항할 수 없거나 사후적으로도 법의 보호를 받지 못하는 경우, 근로자들이 고용주나 감독자의 크고 작은 횡포 아래 놓여지게 되는 경우, 퇴직자가 자신이 당연히 받을 권리가 있는 연금을 수령함에 있어서 담당 공무원의 변덕에 좌우되는 경우, 환자가 건강을 되찾는 것이 의사의 호의에 달린 경우, 젊은 학자들의 직업적 미래가 연구성과의 질이 아니라 선배 학자의 변덕에 좌우되는 경우, 시민이 검사의 자의적인 말 한마디에 의해 언제라도 감옥에 수감될 수 있는 경우 등. 이 모든 경우에서 간섭은 보이지 않는다. 즉 내가 이야기한 것은 실제 압제를 행하고 있는 독재

1. Philip Pettit, *Republicanism : A Theory of Freedom and Government*, 2nd ed. (Oxford : Oxford University Press, 1998)을 보시오.

자나 과두지배계급이 아니라 원하기만 한다면 언제라도 압제를 행할 수 있는 독재자나 과두지배계급에 대해서다. 또한 나는 자신의 아내를 학대하고 있는 남편에 대해 이야기한 것이 아니라, 원하면 언제라도 학대할 수 있는 남편에 대해 이야기한 것이다. 위에서 말한 고용주나 공무원, 그리고 의사, 교수, 검사 경우에서도 마찬가지이다. 이들 중 어느 누구도 타인들을 막아 그들이 하고 싶은 것을 하지 못하도록 하고 있지 않는다. 또한 이들 중 어느 누구도 타인의 개인적 생활에 간섭하진 않는다. 따라서 위의 예와 같이 예속상태에 있는 사람들은 (그들이 아내이건, 근로자건, 퇴직자건, 병자건, 또는 젊은 학자건 간에) 우리가 자유를 간섭으로부터의 자유 또는(결국 같은 것이지만) 방해나 제한으로부터의 자유로 이해하는 경우, 한마디로 100 퍼센트의 자유를 누리고 있다고 할 수 있다. 하지만 이들은 타인들의 자의(恣意)에 노출되어 있고, 따라서 플라우투스Plautus가 자신의 희극에서 묘사한 노예들의 삶과 같은 그런 예속상태에서 살아가고 있다. 플라우투스의 희극에 나오는 노예들은 종종 그들의 주인이 멀리 떨어져 살고 있거나, 착하거나 우둔하기 때문에 이러한 주인의 간섭 없이 제 마음대로 생활할 수가 있다. 하지만 이들 노예는 여전히 주인의 자의에 예속되어 있는 상태인데, 왜냐하면 주인은 마음만 먹으면 언제든지 이들 노예들에게 가혹한

벌을 가할 수 있기 때문이다.

간섭이 작위(作爲) 또는 방해라면 예속은 무엇보다 사람들이 공포를 가지고 움츠러들도록 하는 개인 의지의 조건화(條件化)라 하겠다. 프란체스코 마리오 파가노Francesco Mario Pagano는 예속을 "자유의 부정과 그것이 가져오는 공포"라고 멋지게 정의했다.

> 법이 일개 시민 또는 특정 계급 및 국가의 특정 집단에게, 또는 법집행자 자신에게 모든 사람들의 공평한 보호에 사용되어야 할 공권력을 이용하여 부작위(不作爲) 정도가 아니라 작위(作爲)를 통해서 타인들을 괴롭힐 수 있도록 허용하는 경우, 시민적 자유는 질식하게 된다. 구체적으로 나타나는 행동만이 아니라 그런 행동을 할 수 있는 능력 자체는 아직 폭압적 행동으로 드러나지 않고 있더라도 여전히 자유에 대한 공격이 된다. 자유는 너무나도 상하기 쉬워서 약간의 그림자만으로도 그 색이 어두워지고, 살짝만 입김이 닿아도 뿌옇게 그 투명함을 잃는다. 다른 사람이 어떤 처벌도 받지 않고 나에게 폭압(暴壓)을 가할 수 있다는 생각만으로도 나는 나의 권리를 누릴 수 있는 자유로운 능력을 상실하게 된다. 공포는 자유가 솟아나는 그 샘 자체를 파괴한다. 그것은 강물이 흘러나오는 발원(發源)에 깊숙이 퍼뜨린 독(毒)이다. 공포가 자유의 발원 자체를 파괴한다면 외부의 힘(간섭)은 이미 흘러나온 강물,

즉 자유의 행사를 방해하는 것에 불과하다.[2] ”

우리는 이 정도로 정치적 자유를 공포가 없는 상태로 명확히 묘사한 것을 『법의 정신』의 다음 문장에서도 찾아볼 수 있다 : “인민의 정치적 자유는 자신의 안전을 믿는 데서 나오는 마음의 안정상태이다. 이러한 자유를 가지기 위해서는 어느 누구도 다른 사람을 두려워할 필요가 없도록 정치제도가 만들어져야 한다.”[3]

이제 간섭과 예속(주종관계)의 차이가 어느 정도 명확해졌으므로 나는 법에 의한 제한 및 규제 아래에 놓여 있게 되는 경우는 ‘예속(또는 주종관계)은 없고 간섭은 있는 상태’라는 점을 덧붙이고자 한다. 두 가지 예만 들자면, 시민들에게 소득에 비례해서 세금을 내라고 강제하는 법률, 또는 살인을 저질렀을 때 시민들을 종신형에 처하는 법률은 분명히 제한이자 규제이며, 또한 간섭이다. 하지만 이러한 간섭에 의해 내가 다른 사람들의 자의에 예속되는 것은 결코 아니다. 왜냐하면, 이 법률들은 특정한 나에게

2. Francesco Mario Pagano, *La coscienza della libertà : Dai "Saggi politici" al progetto di Costituzione,* ed. Renato Bruschi (Naples : Generoso Procaccini, 1998), 73쪽을 보시오.

3. Montesquieu, *The Spirit of Laws* (Berkeley : University of California Press, 1977), XI. 6을 보시오.

만 부과되는 제한이 아니라 모든 이들에게 똑같이 부과되는 것이고, 또한 특정인들이 자신들의 특수 이익을 관철하기 위해 표출하는 의지의 산물이 아니기 때문이다. 루소가 말했듯이, "우리는 법에 종속되어 있을 때 자유롭다. 하지만 우리가 다른 사람에 종속되어 있을 때는 자유롭지 못하다. 왜냐하면, 후자의 경우 나는 타인의 의지에 종속되기 때문이다."[4]

그런데 이렇게 신공화주의 사상가들이 제시하는 식으로 정치적 자유를 해석하는 것이, 즉 자유를 예속이 없는 상태로 해석하는 것이 기존의 정치언어에 어떤 변화를 주게 되는 것인가? 정치적 자유에 대한 자유주의적 교리를 담은 두 경전—벵자멩 콩스탕Benjamin Constant의 『고대인의 자유, 근대인의 자유』*La liberté chez les anciens et les modernes*와 이사야 벌린Isaiah Berlin의 『두 개의 자유 개념』*Two Concepts of Liberty*—에는 예속이 없는 상태로서의 자유라는 아이디어가 전혀 언급되어 있지 않다. 콩스탕은 고대의 자유—"전체 주권의 많은 권한들을 집단적으로, 그러나 자신이 직접적으로 행사하는 것, 즉 광장에 모여 전쟁과 평화를 논하고, 외국과의 동맹조약을 체결하고, 법률안에 표를 던지

4. Jean-Jacques Rousseau, *Des lois,* in *Oeuvres complètes,* ed. Bernard Gagnebin and Marcel Raymond (Paris : Gallimard, 1964), vol. 3, 492쪽을 보시오.

고, 판결을 내리고, 집정관들을 관리하고, 전체 민회 앞으로 이들 집정관들을 소환해 세우고, 이들을 고발하고, 처벌하고 또는 석방하는 등의 권한을 집단적으로, 그러나 직접적으로 행사하는 것"—와 다음과 같은 근대의 자유를 구분한다.

> 근대의 자유는 오직 법에만 복종할 권리, 따라서 결코 다른 개인들의 자의적 의지에 의해 체포되거나 구금되거나 또는 죽임을 당하거나 학대당하지 않을 권리에 있다. 그것은 모든 사람이 자신의 의사를 표현하고, 직업을 선택하여 영업하고, 소유물을 처분하고, 심지어는 소유물을 손상시킬 수도 있는 권리이다. 또한 그것은 특별한 허가 없이, 그리고 자신의 동기가 무엇인지나 무엇을 할 것인지를 해명할 필요 없이 여행할 수 있는 권리이다. 또한 그것은 이해관계의 논의를 위해서나 또는 자신들이 믿는 종교행사를 위해서 다른 개인들과 회합할 수 있는 모든 사람의 권리이며, 또한 단순히 자신의 취향이나 기분에 가장 적합한 방식으로 자신의 시간을 쓸 수 있는 모든 사람의 권리이다. 마지막으로 그것은 공직자들을 선출하거나, 또는 정부당국이 어느 정도 들어주도록 되어 있는 대표를 통한 의사표명, 청원이나 다른 형식의 민원을 통해 국가운영에 영향을 미칠 수 있는 모든 사람의 권리이다.

벌린은 콩스탕의 생각을 받아들여 소극적 자유와 적극적 자유를 구분하는데, 그의 소극적 자유는 다음과 같이 설명된다.

> 나는 보통 다른 사람이나 또는 사람들로 이루어진 집단이 나의 행동을 간섭하지 않는 만큼만 자유롭다고 말할 수 있다. 이러한 의미에서의 정치적 자유는 쉽게 말해서 한 사람이 다른 사람들에 의해 방해받지 않고 행위할 수 있는 공간(空間)을 의미한다. (중략) 이러한 의미에서의 자유는 어떤 논리를 펼치더라도 민주주의나 자치와는 무관하다. 자치(자기 통치)는 전체적으로는 다른 어떤 정치체제보다 시민적 자유를 유지하는 것을 더 잘 보장해 줄 수 있을 것이며, 실제로 그러하기 때문에 자유주의자들에 의해 옹호된다. 하지만 개인적 자유와 민주적 통치방식 사이에는 어떤 필연적 관련성은 없다.

그리고 그의 적극적 자유는 이와 다르다.

> '적극적' 의미의 '자유'라는 개념은 개인이 자기 자신의 주인이 되고자 하는 욕구에서 나온다. 나는 나의 삶과 결정들이 어떤 외부의 힘에도 의존하지 않고 오직 내 자신에 의해서만 유지되고 이루어지길 바란다.

> 나는 타인이 아닌 내 자신의 의지에 따르는 수단이 되고자 한다. 나는 객체가 아니라 주체가 되기를 바란다. 나는 밖에서 나에게 영향을 미치는 여러 원인들이 아니라 나 자신의 것인 나의 이성, 그리고 내가 의식하는 목적에 의해서만 움직여지기 바란다.[5] ”

벌린은 이러한 희망이 아무리 정당한 것이라 할지라도 자유의 적극적 개념은 역사적으로 봤을 때 진정한 "에고"ego 또는 우월하거나 독자적인 "에고", 즉 강제를 동원해서라도 다른 모든 것들을 정복하도록 되어야만 하는 "에고"를 인정하는 것에 불과하다고 주장했다. 이러한 이유 때문에 자유주의자들은 적극적 의미의 자유를 독재를 가리는 가면으로 생각해 왔다.

우리는 공화주의적 자유 개념이 벌린과 콩스탕이 묘사하는 소극적 자유나 적극적 자유, 그 어느 것과도 같은 것이 아님을 쉽게 알 수 있다. 공화주의적 자유는 그것이 자유가 없는 상태를 단순히 간섭받고 있는 상태가 아니

5. Benjamin Constant, "The Liberty of the Ancients Compared with That of the Moderns," in *Political Writings* (Cambridge, U.K. : Cambridge Universtity Press, 1999), 310－11쪽을 보시오. Isaiah Berlin, "Two Concepts of Liberty," in *The Proper Study of Mankind*, ed. Henry Hardy (New York : Farrar, Straus and Giroux, 1998).

라, 자의적 권력에 의해 간섭받을 가능성이 항상 존재하는 상태로 생각한다는 점에서 자유주의적 자유와 다르다. 어떤 공화주의적 정치사상가도 벌린이 생각하듯이 자유를 "자유주의적" 전제군주 치하의 신민들이 누리는 자유와 비슷한 것으로 생각하지 않는다. 왜냐하면, 그러한 전제군주는 언제라도 자신의 판단에 의해 신민들이 하고 싶어하는 것을 못하게 막을 수도 있고, 또는 하기 싫은 것을 억지로 하게 할 수 있기 때문이다. 이들 신민들은 어떤 간섭도 받고 있진 않지만 실제로는 예속상태에 있는 것이다. 이것을 자유주의자는 자유로운 상태로 묘사할 수 있을지 모른다. 하지만 공화주의자는 결코 그럴 수 없다. 또한 공화주의자는 자유를 위해 특정한 삶의 유형 또는 특정한 자아의 유형을 강조하지 않는다. 자유를 말할 수 있기 위해서는 주종관계(예속)가 존재하지 않도록 하는 것만으로도 충분하다. 따라서 어떤 사람이 무슨 삶의 방식을 택하는지, 그리고 그가 어떤 자아를 가지고자 하는지는 전혀 중요하지 않다.

콩스탕과 벌린은 모두 공적인 삶에 능동적으로 참여하는 것으로 이해되는 자유가 근대적 자유를 지키는 데 기여할 수 있으리라는 점은 인정하면서도 근대적 자유, 즉 소극적 자유를 자유의 근본적 모습 또는 참된 모습으로 간주한다. 하지만 둘 중 어느 누구도—이 점이 내가 특히 강조하고자 하는 점인데—주종적 지배의 부재를 정치적 자유를 위해 필수적인 것으로 다루질 않았다. 난 왜 콩스탕과 벌린이 수세기의 긴 역사 동안 많은 고전적인 저작들에서 분석되고 토론되었던 정치적 자유 개념을 간과했는지를 묻지는 않겠다. 다만, 이 점에 대한 그들의 침묵에 놀랄 뿐이다. 만약 그들이 자유에 대한 공화주의적 이해가 부적절하다고 생각했거나 또는 자신들이 말하는 적극적 자유나 소극적 자유 중 하나와 같은 것이어서 굳이 논의하지 않으려 했었다면 그러한 점을 솔직히 밝히는 것이 좋았을 것이다. 또 그들이 단지 몰라서 간과했었다면 이 사실은 충분한 역사지식 없이 정치사상을 논리적으로만 연구해서는 위대한 정치사상을 펼치는 것이 거의 불가능함을 한 번 더 입증하는 것이 된다.

또 공화주의적인 자유 개념은 "자신을 위해 스스로 규범을 정할 수 있는 힘, 그리고 스스로 만든 규범이 아니면 어떤 규범에도 복종하지 않을 힘"이라는 민주주의의 자유 개념과도 다르다. 민주주의의 자유는 자기 규율을 의미한다. 보비오Norberto Bobbio가 말했듯이 민주주의적 자유는 강요(强要)와 반대된다. 따라서 민주주의자들이 말하는 자유로운 사람은 자유의사(自由意思)를 가지고 있는 사람, 즉 "스스로 생각하고, 다른 사람의 눈치를 보지 않고, 압력이나 아부 또는 삶의 방향에 관한 환상들을 이겨낼 수 있는 전혀 고분고분하지 않은 사람"이다. 즉 다른 말로 하면 스스로 결정해서 살아가는 것을 즐길 수 있다는 의미에서 자유로운 의사를 가진 사람이다.

이러한 민주주의적 자유 개념은 자유주의적인 개념과도 다른데, 보비오가 설명하듯이 자유주의 관점에서 보면 "법, 즉 모든 종류의 법령은 자유와 반대되는 것이므로 모든 법(무엇을 하지 말라고 금지하는 법과 무엇을 하라고 지시하는 법)은 자유를 제한하게" 되는 반면, 민주주의는 "자유를 법에 따라 행동하는 장(場)"이라고 생각하는데, 여기서 중요한 것은 "규율되지 않은 행동과 법에 의해 규율된 행동을 구분하는 것이 아니라, (나의 동의를 받은) 자율적인 법에 의해 규율된 행동인지 (강요되는) 타율적인 법에 의해 규율된 행동인지를 구분하는 것이다."[6]

공화주의가 생각하는 정치적 자유의 개념은 그것 역시 강요(强要)를 자유의 침해로 간주한다는 점에서는 의사(意思)의 자율성이라는 민주주의적 자유 개념에 가깝다. 하지만 양자가 동일한 것은 아닌데, 왜냐하면 공화주의는 내 의사가 자율적으로 되는 것은 나의 행동을 지배하는 법이나 규칙이 내 의사와 일치할 때가 아니라, 내가

6. Nobert Bobbio, *Politica e cultura* (1995; Turin : Einaudi, 1974), 172–74쪽을 보시오.

남에 의해 강요받을 수 있는 끊임없는 위험성으로부터 보호될 때이다. 공화주의적 정치사상가들은 자유의 의미를 내가 동의한 법에 의해서만 나의 행동이 규율되는 것이라거나, 또는 내가 스스로 규칙을 만들어야 한다거나 내가 만든 규칙만을 따를 수 있는 힘과 같은 것이라고 주장한 적이 없다. 그 대신 그들은 스스로 법을 만드는 것—직접 만들거나 대표를 통해서 만들거나 간에—이 자유로운 삶, 즉 타인(한명 또는 소수 또는 다수의 타인들)의 자의적 의지에 예속되지 않는 삶을 누리는 데 효과적인 수단(다른 수단들과 함께)이 된다고 주장해 왔다.

즉 법에 의해 규율되는 행동이 자유로운 행동이 되는 것은 법이 자발적으로 받아들여지거나 시민들의 욕구에 부합할 때가 아니라 법이 자의적이지 않을 때, 즉 법이 보편적 규범을 존중하고, 공공선을 지향하며, 이를 위해 시민들의 의사가 타인들의 강압에 의해 제대로 표현되지 못하는 위험성을 틀어막아 이러한 의사가 충분히 자율적인 것이 되도록 보장할 때이다. 어떤 경우엔 이 세상에서 가장 민주적인 의회의 구성원들에 의해 자발적으로 받아들여진 법이 사회의 한 부분(소수파)에게 다른 부분(다수파)의 의사를 강요하고, 따라서 그들의 자율성을 박탈하는 자의적인 법이 될 수도 있다.

이렇게 공화주의적인 자유 개념은 자유주의나 민주주

의적인 개념보다 훨씬 엄격하다. 그것은 방해(또는 간섭)가 없는 상태라는 자유 개념을 받아들이지만, 여기에다 주종적 지배 또는 예속이 없는 상태(즉 간섭 가능성 자체가 언제나 없는 상태)라는 추가적인 조건을 붙인다. 그리고 그것은 자기 결정이라는 민주주의적 요건을 자유를 얻기 위한 하나의 수단으로서 받아들이지만, 자치정부만으로 공화국에 걸맞는 정치적 자유가 자동적으로 보장되는 것은 아니라고 생각한다. 공화주의는 자유주의적 요소와 민주주의적 요소를 모두 아우르는 좀더 복합적인 정치적 자유 개념을 가지고 있는데, 이러한 점에서 자유주의와 민주주의 각각은 이러한 원래의 풍부함을 상실해 버린 공화주의의 변종들이라 할 수 있다. 이 마지막 지적에 대해서는 그 이론적 · 정치적 중요성을 감안하여 좀더 시간을 할애하도록 하자.

3장

공화주의적 자유의 가치

신공화주의 사상가들은 공화주의적 자유의 의미를 놓고 제각각 다른 의견들을 보여주고 있다. 예컨대, 퀜틴 스키너Quentin Skinner는 이 주제에 대한 그의 초기 논문들에서, 공화주의 계열과 자유주의 계열 사상가들은 정치적 자유의 의미를 '강제나 간섭이 없는 상태'라고 설명하고 있는 점에서는 의견의 일치를 보이지만, 이러한 자유를 보장하는 정치적 조건들에 관해서는 의견의 차이를 보인다고 말했다. 그런데 스키너는 이 주제에 관해 나중에 쓴 글인 『자유주의 이전의 자유』*Liberty before Liberalism*에서는 이전 저작에서와 달리 자유주의 사상가들과 공화주의 사상가들(그는 이들을 각각 자유주의 사상가들과 17, 18세기의 신로마주의neo-Roman 정치사상가들이라고 불렀는데, 왜냐하면 후자의 사상가들이 모두 공화정을 옹호했던 것은 아니기 때문이다)의 입장 차이는 정치적 자유를 보장하는 조건에 대한 관점에서 나타나는 것이 아니라, 속박이나 강제의 내용 자체를 놓고 서로 다르게 해석하는 데서 나타난다고 주장했다. 그에 따르면, 신로마주의 정치사상가들은 시민들이 누리는 자유의 정도는 이들이 자신들의 목적을 추구하기 위해 행위를 함에 있어서 어느 정도로 위축(萎縮)되는지에 달려 있다고 생각한다. 다른 말로 하면, 신로마주의 사상가들은 "힘을 실제로 가하거나 또는 힘을 가하겠다고 위협하는 것만이 개인의 자유를 침해하는 유일한 속박이라는 고전적 자유주의의 핵심 가정"을 부정한다. 그들은 그 대신 "주종관계 속에서 사는 것도 그 자체로서 자유에 대한 속박의 한 형태이며, 하나의 원천"이라고 강조한다. 즉 타인에 예속된 삶을 사는 한 개인 역시 자신의 시민적 권리를 행사하는 것을 방해하는 어떤 속박 속에서 살게 된다. 따라서 스키너의 결론에 따르면 "자유의 부재(不在)는 간섭이나 예속에서 기인한다."[1]

1. Quentin Skinner, "Machiavelli, and the Maintenance of Liberty," *Politics* 18(1983) : 3–15; "The Idea of Negative Liberty : Philosophical and Historical Perspectives," in *Philosophy in History*, ed.

이와 달리 필립 페팃Philip Pettit은 자유의 부재는 주로 예속(즉 주종관계)에 의해서만 나타나는 것이라고 주장한다. 자의적이지 않은 법에 의한 제한을 포함하여 모든 간섭이나 속박은 오직 "자유에 대한 부차적인 침해" 정도로만 이해되어야 한다는 것이다. 다른 말로 하자면, 스키너는 공화주의적 자유가 주종관계(예속)와 간섭 두 가지 모두가 없는 상태라고 믿고 있는 데 대해, 페팃은 이러한 입장에 동의하기는 하지만 간섭은 그리 중요한 자유의 침해는 아니라고 덧붙인다. 페팃에 따르면, 공화주의 사상가들이 법의 지배에 의해 개인들의 선택의 자유가 제한되는 것을 강하게 비판한 적은 거의 없다. 즉 이들은 법의 자유에 의해 부과되는 선택의 자유 제한이 "자유에 대한 심각한 침해"라고 생각해 본 적이 전혀 없다.[2]

스키너나 페팃은 모두 '자유롭다'는 것이 '자신이 동

Richard Rorty, J. B. Schneewind, and Quentin Skinner (Cambridge, U.K. : Cambridge University Press, 1984), 193–221; "The Paradoxes of Political Liberty," in *The Tanner Lectures on Human Values*, vol. 7, ed. Sterling M. McMurrin (Salt Lake City : University of Utah Press, 1986), 225–250; and *Liberty before Liberalism* (Cambridge, U.K. : Cambridge University Press, 1998), 84쪽 주 55를 보시오.

2. Philip Pettit의 저서 *Republicanism : A Theory of Freedom and Government* (Oxford : Oxford University Press, 1998)의 재판 후기인 "Republicanism : Once More with Hindsight"를 보시오.

의한 법률에 복종하는 것' 을 의미하는 것이라는 생각을 거부한다. 그리고 이들은 모두 공화주의적인, 또는 신로마주의적인 정치적 자유 관념이 정치적 자유의 직접적 행사라는 적극적 자유 개념과 다른 것이라는 점을 강조하는데, 스키너는 자유가 "간섭이나 예속에 의해 사라지게 된다"[3]고 믿는 반면, 페팃은 자유는 오직 예속에 의해서만 사라지게 된다고 믿는다.

이러한 논쟁과 관련하여 나는 고전적 공화주의 사상가들이 진정한 정치적 자유는 간섭이 없는 상태라고 주장한 적이 한번도 없음을 강조하고자 하는데, 이들은 법에 의해 개인적 선택에 부과되는 제한이나 간섭은 자유에 대한 제한이라기보다는 오히려 공화주의적 자유의 핵심적인 구성요소로서 자동차의 브레이크처럼 꼭 필요한 것이라고 믿었다. (이와 반대로 이사야 벌린은 "거의 벤덤 혼자서만 집요할 정도로 법이 자유를 주기 위해서가 아니라 자유를 제한하기 위해 존재한다고 주장했으며, 벤덤은 '모든 법은 그 침해가 결국에는 자유의 총합을 증가시키더라도 자유의 침해인 것은 변함없다' "[4]고 말했음을 지적한다.) 고전적 공화주의 사

3. Skinner, *Liberty before Liberalism*, 84쪽을 보시오.
4. Isaiah Berlin, "Two Concepts of Liberty," in *The Proper Study of Mankind*, ed. Henry Hardy (New York : Farrar, Straus and Giroux, 1998), 148쪽을 보시오.

상가들은 법을 모든 시민들 또는 단체의 모든 구성원들에게 똑같이 적용되는 공적이고 보편적인 명령이라고 생각한다. 따라서 법의 지배가 엄중하게 지켜지는 상황에서는 어떤 사람도(다른 모든 사람들에게는 법적으로 금지되어 있는 것을 처벌됨 없이 행함으로써) 자신의 자의적인 의사를 타인들에게 강요할 수 없게 된다. 반면, 법 대신 사람이 지배하게 되는 경우에는 타인들에게 자신의 의지를 강요할 수 있고, 이들을 억압하거나 이들이 하는 일을 방해함으로써 이들로부터 자유를 박탈할 수 있는 특정인들이 존재하게 된다. (이러한 점은 다수파가 지배하는 민주주의에도 적용된다.)

정치적 자유에 대한 이러한 해석은 근대 공화주의 사상의 핵심을 이루는 세 권의 고전적 저작에서 매우 설득력 있게 표현되고 있다. 첫 번째는 리비우스의 표현인데, 리비우스에 따르면, 왕들을 내쫓은 후 로마인들이 다시 찾은 자유는 무엇보다도 법을 사람보다 강하게 만든 데 있었다. 두 번째는 살루스트Sallust에 의해 전해지는 에밀리우스 레피두스Aemilius Lepidus의 연설에서 나타나는데, 레피두스는 로마인들이 자유로운 것은 그들이 자신들의 법 이외에는 어느 누구에게도 절대 복종하지 않았기 때문이라고 역설했다. 세 번째는 르네상스와 그 이후의 정치사상가들에 의해 셀 수 없을 정도로 많이 인용되는 키케로의 『클루엔티오를 위한 변론』*Pro Cluentio*의 한 문장에서 나타나는데, "우리 모두는 자유롭기 위해 법에 복종한다"라는 문장이 바로 그것이다.[5]

공화주의적인 정치적 자유 관념의 두 번째 측면은, 자유 속에는 개인의 행동에 대한 억제나 "브레이크"frenum가 구성요소로서 포함되어 있다는 신념이다. 로마의 정치적 지혜에 담긴 이러한 두 가지 측면은 피렌체의 시민적 휴머니스트들에 의해 받아들여져 새롭게 모양을 갖추게 되었다. 콜루치오 살루타티Coluccio Salutati는 자유란 법이 모든 시민들에게 가하는 "부드러운 브레이크"dulce libertatis frenum라고 기술했으며, 레오나르도 브루니Leonardo Bruni는 "진정한 자유"mera ac vera Libertas란 법에 의해 보장되는 평등을 의미한다는 원칙을 거듭 역설했다. 또한 브루니는 지아노 델라 벨라Giano della Bella의 생각이라면서 "자유가 존속하는 것"Libertas servatur은 오직 법이 시민들보다 힘이

5. "Liberi iam hinc populi Romani res pace belloque gestas, annuos magistratu, imperiaque legum potentiora quam hominum peragam," Livy, *Ab urbe condita*, II. I. 1. "Nam quid a Pyrro, Hannibale, Philippoque et Antiocho defensum est aliud quam libertas et suae cuique sedes, neu cui nisi legibus pareremus?" Sallust, *Orationes et epistulae excertae de historiis*, 4, Loeb Classical Library. Cicero, *Pro Cluentio*, trans. H. Grose Hodge (1927; Cambridge, Mass. : Harvard University Press, 1990), IX. 146쪽을 보시오.

셀 때뿐이라고 했다. 15세기 후반, 법의 지배가 시민적 자유의 초석임을 강조한 사람들은 무엇보다 메디치 가문에 반대하던 사람들이었는데, 알라마노 리누치니Alamanno Rinuccini 같은 사람은 "자유를 누리고자 하는" 공화국은 어떤 시민에게도 "법보다 강한 힘을 갖도록" 허용해서는 절대 안 된다고 강조했다.[6]

마키아벨리도 시민들의 자유와 법의 지배(즉 모두에게 똑같이 부과되는 법에 의한 제한)를 같은 것으로 봤다. 마키아벨리의 『로마사 논고』에 따르면, 어떤 나라에 법집행자들도 두려워하는 특정한 시민이 존재하는 경우, 따라서 이 시민이 제 마음대로 법의 제한을 무시해 버릴 수 있는

6. Coluccio Saltuati to Niccolodio Bartolomei, April 1369, in *Epistolario di Coluccio Salutati*, ed. Francesco Novati (Rome : Forzani, 1891–1911), vol. 1, 90. 브루니에 대해서는 Nicolai Rubinstein, "Florentine Constitutionalism and Medici Ascendancy in the Fifteenth Century," in *Florentine Studies*, ed. Nicolai Rubinstein (London : Faber, 1968), 442–61, 특히 445쪽을 보시오; 그리고 Leonardo Bruni, *Historiarum Florentini populi libri XII*, ed. Emilio Santini, *Rerum Italicarum Scriptores*, vol. 19, pt. 3 (Bologna, 1914), 82쪽을 보시오; 또한 "Laudatio Florentinae Urbis," in *From Petrarch to Leonardo Bruni*, ed. Hans Baron (Chicago : University of Chicago Press, 1968), 259쪽을 보시오. 리누치니에 대해서는 *Ricordi storici di Filippo di Cino Rinuccini dal 1282 al 1460 colla continuazione di Alamanno e Neri suoi figli*, ed. Giuseppe Aiazzi (Florence : Piatti, 1840), 103쪽을 보시오.

경우, 이 나라는 더 이상 자유로운 나라가 아니다. 그는 『피렌체사』에서 어떤 나라가 "자유로운 나라로 불릴 수 있는" 것은 오직 그 헌법과 법률이 효과적으로 귀족과 민중의 나쁜 욕구들을 제어할 수 있을 때뿐이라고 기술했다. 그리고 그는 시민적 자유란 주종관계나 예속이 없는 상태라면서 다음과 같이 설명했다: "귀족과 민중이 추구하는 것이 무엇일까 생각해 보면, 확실히 전자(귀족)는 무슨 주인처럼 남들을 예속시키려는 강한 욕구를 가지고 있고, 후자(일반민중)는 오직 예속되지 않으려는 바람, 즉 자유를 누리며 살고 싶은 강한 욕구만을 가지고 있다."[7]

이와 대조되는 것으로서 고전적 공화주의자들이 자유의 침해로 예시하는 것들은 모두가 법의 지배에 대한 침해 사례다. 예컨대 어떤 폭군이 자신을 일반 법률이나 헌법 위에 두고서는 제 멋대로 통치하는 경우, 또 어떤 권세 있는 시민이 다른 시민들에게는 없는 특권을 얻어서는 남들은 못하는 것(예컨대, 공적 재원을 개인적 용도로 사용하거나 정해진 규칙을 어기면서 공직을 획득하는 것)을 자신만은 할 수 있는 경우, 또 어떤 통치자가 너무 큰 재량권을 가지는 경우가 그러한 사례다. 법이 통치자와 일반시민들에게 부과하는 제한들은 어떤 개인이 다른 개인에게 가하는 강

7. Machiavelli, *Discourses*, I. 5. 29; *Florentine Histories*, IV. 서문.

제를 막아낼 수 있는 하나밖에 없는 유효한 방어수단이다. 자유롭다는 것은 공평한 법 아래에서 사는 것을 의미한다.

자유와 자기 통치(자치)의 관계에 대해서는 고전적 공화주의자들은 후자를 전자를 보장하는 조건 중 하나로 여겼다. 로마의 정치사상가들은 왕이 흠정(欽定)한 법 아래에서 사는 인민은 예속된 자들이지 자유민이 아니라고 생각했다. 즉 이들은 자유의 상태가 아니라 예속의 상태에서 살고 있는데, 주인 아래에 있는 노예와 그 상태가 별반 다를 게 없다는 것이다.[8] 따라서 절대왕정은 주종관계와 비슷한 것이며, 반면 공화정은 자유로운 인민의 통치방식이며 생활방식이다.

마키아벨리가 명쾌하고 설득력 있게 설명한 것과 같이 공화정은 자유를 수호하는 데 가장 적합한 통치방식인데, 왜냐하면 사적(私的) 이해관계가 나라를 지배하면서 일부 또는 대부분의 사람들에게서 자유를 빼앗으려 할 때 이를 저지할 수 있는 힘을 공화정부가 가지고 있기 때문이다. 즉 "말할 것도 없이 이러한 공공선은 공화국이 아니고서는 지켜질 수가 없는데, 왜냐하면 공화국에서는 공공선에 합당한 것들이 모두 실행될 수 있고 공공선의 실행

8. Livy, II. 15. 3을 보시오.

에 의해 이익을 보는 사람들이 많아 이들이 그것에 의해 손해를 보는 특정 개인들의 반대를 누르고서라도 공공선을 실현하려 할 것이기 때문이다."[9] 하지만 마키아벨리는 법 중에 민중의 의지와 바람에 부합하긴 하지만 (공적 이익이 아닌) 사적 이익을 앞세우고, 따라서 궁극적으로는 정치적 자유를 훼손하는 법이 있을 수 있다고 설명한다. 그 예로서 그는 로마 민중이 자신들의 "야욕에 따라" 요구했던 농지법(農地法)을 드는데, 그에 따르면 이 법은 "공화국 파멸의 원인이 되고", 따라서 "로마의 자유를 완전히 무너뜨리게 되었다."[10]

공화주의자들은 법의 지배가 시민들이 자유롭게 살고 또한 몇몇 개인들(또는 한 사람)의 자의적 의지에 예속되지 않도록 하는 데 있어 필수적인 조건이라고 주장하는데, 이러한 주장은 토마스 홉스가 『리바이어던』에서 주장한 것에 대한 제임스 해링턴James Harrington의 반박의 핵심 내용이었다. 즉 토마스 홉스는 루카Lucca 같은 공화국의 시민들도 법에 종속되어 있기 때문에 자유가 없다는 점에서는 콘스탄티노플(오스만투르크) 술탄의 신민들과 별반 차이가 없다고 주장했는데, 이에 대해 제임스 해링턴은 루카의 시민들이 콘스탄티노플의 신민들보다 자유로운 것

9. Machiavelli, *Discourses*, II. 2.
10. Ibid., I. 37.

은, 루카의 경우 통치자들과 시민들이 공히 동일한 법률과 헌법에 종속되었던 데 반해, 콘스탄티노플의 경우 술탄은 법 위에 군림하면서 제 맘대로 신민들의 생명과 재산을 빼앗을 수 있고, 따라서 신민들에게 완전한 예속상태를 강요함으로써 이들이 자유가 박탈된 채로 살아가도록 만들었기 때문이라고 반박한다. 해링턴의 설명에 따르면, 루카의 시민들은 "루카의 법에 의해" 자유로운데, 왜냐하면 그들은 오직 법의 통제만을 받으며, 이 법은 "모든 개인들에 의해, 오직 모든 개인의 자유를 지키기 위해 만들어지며, 또한 이렇게 지켜진 개인들의 자유는 결국 공동체 전체의 자유가 되기 때문이다."[11]

법의 지배는 시민 모두를 똑같이 구속함으로써 시민 개개인을 타인들의 자의적 의사로부터 보호하는 역할을 한다는 이러한 생각은 공화주의 사상가들의 저작에서 초창기 자유주의자들의 저작으로 계승되었다. 가장 대표적인 예는 다음과 같이 존 로크의 저작에서 나타난다.

11. James Harrington, *The Commonwealth of Oceana and A System of Politics*, ed. J. G. A. Pocock (Cambridge, U.K. : Cambridge University Press, 1922), 20쪽을 보시오.

> 법의 목적은 자유를 폐지하거나 제한하는 데 있는 것이 아니라 자유를 지키고 확대하는 데 있다. 즉 법을 만들 수 있는 사람들이 함께 모여 사는 모든 상황에서 법이 없으면 자유도 없다. 왜냐하면 자유란 타인이 가하는 제한이나 폭력으로부터 벗어하는 것을 의미하는데, 이것은 법이 없다면 불가능하기 때문이다. 하지만 자유란 사람들이 보통 말하듯이 모든 사람이 제 하고 싶은 대로 하는 자유를 의미하는 것이 아니라(모든 다른 사람들의 기분이 그들을 지배한다면 도대체 누가 자유로울 수 있겠는가?), 법이 허용하는 범위 내에서 자신의 신체, 행동, 소유, 즉 그가 가진 모든 것을 처분하거나 움직일 수 있는 자유, 따라서 타인의 자의적 의지에 종속되지 않고 자신의 의지를 따르는 자유를 의미한다.[12]

법이 개인들의 선택에 가하는 속박은 특정 개인이 타인들에게 자의적으로 가하는 속박과는 다른 것이다. 앞의 경우 우리가 하는 것은 법에 대한 복종(服從)obbedienza이며, 뒤의 경우 우리가 하는 것은 타인에 대한 예종(隷從)servitù이다.

여기에 인용된 구절들은 공화주의 정치사상가들이 자

12. John Locke, *An Essay concerning the True Original Extent, and End of Civil Government*, 57. 29, in *Two Treatises of Government*, ed. Peter Laslett (Cambridge, U.K.: Cambridge University Press, 1988).

유에 대한 속박을 한번도 자의적이지 않은 법이 가하는 구속으로 정의한 적이 없으며, 언제나 다른 개인들의 자의적 의지에 대한 예속으로 정의하였음을 명확히 하고 있다. 그들은 법의 지배가 개인들을 자유롭게 만드는 것은 그것이 이들의 의사를 표현해서가 아니라—즉 이들의 동의를 표현해서가 아니라—법이 일반적이고 추상적 명령이고*, 그리하여 개인들을 타인의 자의적 의지로부터 보호하기 때문이다. 공화주의 사상가들에 있어서 다양한 제도적 장치의 가치는 그것이 얼마나 효과적으로 권력의 자의적 사용을 방지하는지에 의해 측정된다. 마키아벨리가 공화정의 장점을 옹호할 때, 그가 말하는 공화정은 언제나 권력의 여러 기능들이 혼합정의 모델에 맞게 분산되어 있고, 인민은 헌법이 명시한 제한된 범위 내에서 주권을 행사하는 그런 공화정이었다.

스키너처럼 어떤 개인의 자의적 의지에 예속되는 것을 "(자유에 대한) 속박의 원천이나 형태"[13] 중 하나로 보는 것은 확실히 타당한 것이긴 하지만, 나는 타인의 자의적

* 법(특히 법규)은 대상을 특정(特定)하지 않기 때문에 입법하는 자 역시 자신이 만든 법의 적용에서 벗어나지 못한다. 자신도 대상이 된다고 하는 법의 지배의 핵심원칙 때문에 입법권자는 입법시에 조심스러울 수밖에 없다.

13. Skinner, *Liberty before Liberalism*, 84쪽을 보시오.

의지에 예속되는 것과 어떤 제약에 구속되는 것을 구분하는 것이 정치적 자유에 대한 고전적 공화주의적 생각을 가장 잘 보여준다고 믿는다. 따라서 신공화주의가 현재 진행 중인 토론에서 뭔가 의미를 가지려면 자신이 예속이나 주종적 지배에 비판적임을 보여야 하며, 또한 자신이 모든 제약에 대한 자유방임주의의 무조건적 거부나 주종적 지배에 대한 권위주의의 무감각과 다른 것임을 확실히 보여야 한다.

고전적 공화주의는 언제나 예속에 저항했는데, 왜냐하면 예속이 한쪽에는 비굴함을 키우고 다른 한쪽에는 오만함을 부추기기 때문이다. 비굴과 오만은 시민적 삶이라는 이상(理想)에 똑같이 해롭다. 이 점이 특별히 중요한 것은 자의적 권력과 주종적 지배 관행이 지속되는 것이 방종이나 도덕적 · 사회적 책임의 부재와 함께 시민적 문화를 질식시키기 때문이다. 민주적인 사회는 고귀한 시민적 삶의 중요성과 가치를 설득할 수 있는 정치언어, 도덕언어가 필요하다. 이러한 점에서 공화주의는 확실히 높은 점수를 받을 수 있는데, 다만 그러하기 위해서는 과거의 공화주의 대가들이 가졌던 폭정tirannide/tyranny과 방종에 대한 혐오를 계속 유지해야 할 것이다.

제약 하에 있는 것과 예속 하에 있는 것을 구분하는 것이 중요한 또 하나의 이유는 예속으로부터 어떤 시민들을 해방시키는 입법조치들은 다른 시민들에게 있어 행동의 자유를 제약하게 되기 때문이다. 이 책 제2장의 시작부에 있는 남편의 횡포에 저항하거나 배상을 요구할 수 없는 아내, 사용자나 감독자의 횡포에 노출되어 있는 근로자들, 남들의 자선행위(慈善行爲)에 의존해 있는 병자나 독고(獨孤) 노인과 같은 몇 가지 예를 다시 들어보자. 아내들을 예속에서 해방시키기 위해서는 남편들의 자의적 권력을 제한하면서 가정 내의 평등을 보장하는 법을 가져야 한다. 근로자들을 예속으로부터 지켜내려면 근로자들의 신체적 · 정신적 존엄을 지켜주고, 또한 사용자의 자의적 권력을 통제하는 법이 필요하다. 궁핍한 사람들을 자선행위로부터 해방시키려면 이들에게 충분한 공적 부조(公的扶助)를 보장할 수 있도록 세금을 올려야 한다. 이러한 경우에서 보듯이, 어떤 시민들에게서 예속상태를 제거하려면 어쩔 수 없이 다른 사람들의 (소극적) 자유에 제약을 가할 수밖에 없다. 즉 자기의 자유로운 의지대로 행동했던 사람들에게 제약을 가할 수밖에 없다. 예속을 줄이기 위해서는 법적 제약을 늘릴 수밖에 없다. 우리는 주종적 지배(또는 예속)와 법에 의한 제약 둘 중 하나를 선택해야 한다. 그런데 공화주의적 전통을 따르고자 하는 사람은 간섭으로부터의 자유를 내세워 시민적 의무를 약화시키는 정책들보다는 주종적 지배관계를 약화시키는 정책을 선택해야만 한다.

하지만 이 모든 이야기들이 공화주의자들은 간섭이나 속박이 없는 상태로서의 자유에 전혀 가치를 두지 않는다는 의미는 아니다. 그리고 그것은 공화주의자들이 이러한 자유를 예속이 없는 상태로서의 자유보다 낮은 가치를 가진 것으로 간주해야 한다는 것을 의미하는 것도 아니다.[14] 그것은 단지 예속이 없는 상태로서의 자유와 간섭 내지 속박이 없는 상태로서의 자유가 충돌하는 경우, 우리는 전자를 후자 위에 두어야만 한다는 것을 의미한다. 왜냐하면 그렇게 하는 것이 '레스 푸블리카' res publica의 이상(理想), 즉 어느 누구도 굴종하지 않도록 하고 어느 누구에게도 주종적 지배를 허락하지 않는 공동체라는 예나 지금이나 공화주의적 유토피아의 핵심이 되는 이러한 이상에 더욱 부합하기 때문이다.

가장 예리한 감각을 가진 공화주의 사상가들은 자유와 관련된 문제들이 언제나 한쪽에서는 반기고 다른 한쪽에서는 비난하는 방식으로밖에 대답될 수 없는 문제들임을 지적한다. 그들은 공공선이라는 것이 모든 이들에게 좋은 것(또는 이익이 되는 것)이 될 수 없으며, 또한 사적 이

14. Noberto Bobbio, "Della libertà dei moderni comparata a quella dei posteri," in P*olitica e cultura* (1955; Turin : Einaudi, 1974), 160–94쪽을 보시오.

익을 초월하면서 좋은 것(또는 이익이 되는 것)이 아니라고 생각한다. 즉 공공선은 자유롭게 살고 싶고 남에게 예속되지 않기를 바라는 시민들에게는 좋은 것을 의미하며, 주종적 지배를 꿈꾸는 사람들에게는 전혀 좋은 것이 아니다. 이러한 해석은 페미니스트 학자들이 제기한 몇 가지 우려에 대한 대답이 된다. 예컨대, 앤 필립스Ann Phillips는 "공화주의가 개인적 이익을 초탈(超脫)한다는 이상(理想), 즉 시민들이 공동체 전체의 문제에 대처하기 위해 자신들의 특수하고, 국지적이며, 개별적인 이익에 대해서는 관심을 갖지 말아야 한다는 생각과 결부된다면, 많은 사람들은 도대체 무엇이 여성들의 이익과 관심이 전체 이익에 포함되도록 보장할 것이지를 질문할 것"이라고 기술했다.[15]

공화주의자 사상가들은 이렇게 공공선이라는 것이 모든 사람들로부터 환영받을 수 있는 것이 아니라고 믿기 때문에 사회적 · 정치적 갈등에 대해 그것이 시민적 삶의 제한범위 내에서만 이루어진다면 결코 두려워하지 않으며, 또한 공회당(公會堂)에서 이루어지는 정치적 수사(修

15. Ann Phillips, "Feminism and Republicanism : Is This a Plausible Alliance?," speech delivered at a conference titled "The Historical Perspectives of Republicanism and the Future of the European Union," Siena, September 24–27, 1998.

辭)rhetoric 간의 충돌이 갖는 가치를 높게 평가한다.* 그들은 개인들 모두가 하나의 공공선을 위해 봉사한다는 그런 유기적 공동체의 관념을 조장하고자 하지 않으며, 또한 그들은 공공선을 추구하는 법률들이 비르투로 충만한 시민들에 의해 만장일치로 동의되는 그런 공화국들에 대한 환상을 만들어내는 데 조금도 시간을 낭비하지 않을 것이다.

오늘날의 공화주의 사상가들은 고전적 공화주의 선배들의 지혜를 따라 정치적 자유를 둘러싼 여러 논쟁들을 진리의 확인이나 증명을 목적으로 하는 철학적 논쟁으로 간주해서는 안 되며, 정치적으로 분명히 편이 갈리는 이해(利害)와 생각들 사이의 쟁투(爭鬪)로 생각해야 한다. 자의적 행동이란 무엇인지, 또는 특정인의 자의적 의지에 예속된다는 것이 무엇을 의미하는지—주종적 지배의 존재 여부를 결정하는 데 핵심적인 두 개의 단서—그 내용을 정하는 것은 어쩔 수 없이 정치적으로 편을 가를 수밖에

* 좋은 레토릭(말하는 기술)은 더욱 많은 시민들이 공적 영역에 참가하도록 유인한다. 스키너, 비롤리 등의 신공화주의자들은 객관적인 정답을 찾는 정치학이 아닌 자신의 주관적 입장을 효과적으로, 그리고 흥미롭게 피력하는 '말하는 기술', 즉 레토릭적인 정치학을 부활시켜야 한다고 믿는다. 그것이 레스 푸블리카(res publica)의 형성에 직접 기여하기 때문이다.

없으며, 또한 논쟁을 일으킬 수밖에 없다.

모든 정치적 행동을 평가하는 것은 열정에 의해 움직여지면서 당파성을 갖고 주관적으로 되는 경향을 가진다. 현실세계에서의 논쟁들은 결코 과학적이거나 철학적으로 될 수 없으며, 고전적 의미로 수사적(修辭的)일 수밖에 없다. 예컨대 국가가 가난한 사람들에게 적절한 수준의 의료보장과 좋은 학교시설을 제공하기 위해 소득에 비례하는 누진세를 추가로 부과해야 한다고 하면, 어떤 시민들은 이것을 순전히 국가의 자의적인 간섭이며, 심지어는 폭정적 행위라고까지 간주할 것이며, 반대로 다른 시민들은 이것을 정당한 개입이라 생각할 것이다. 원용되는 어떤 사실도 이 논쟁을 확실하고 객관적으로 해결할 수는 없다. 그리고 어떤 절차도 모든 논쟁에 참가하는 진영을 만족시키면서 이 논쟁을 해결할 수 없다.

4장

공화주의, 자유주의, 공동체주의

입헌민주주의를 위한 주류의 지적 · 정치적 틀이 되기 위해서 현대 공화주의는 오늘날의 정치사상을 구성하는 다른 주요 학파들에 대해, 특히 자유주의에 대해 자신의 입장을 명확히 할 필요가 있다. 공화주의가 자유주의에 맞서는 이론적 도전자가 된 것은 비교적 새로운 현상이다. 그 긴 역사 동안 자유주의는 주로 정의, 사회 위계질서와 전통, 도덕의 재무장과 강화(强化), 공동체적 이상, 또는 주권에 대한 더욱 폭넓은 참여라는 이름으로 비판받아 왔지만 자신의 핵심 원리인 자유의 이름으로 비판받았던 적은(형식적 자유가 아닌 "진정한" 자유 또는 "실체적" 자유의 이름으로 도전받았던 적을 제외한다면) 한 번도 없었다고 해도 과언이 아니다.[1] 자유주의는 국가나 타인들의 간섭으로부터 개인을 지켜내는 데에서는 엄청난 성공을 거두어 왔다. 하지만 언제 어느 곳에서나 자유주의는 타인을 강압하여 자신의 의사에 복종시키고도 전혀 처벌받지 않는 자들, 심지어 무슨 제 하인인 양 타인을 예종(隸從)케 할 수 있는 그런 힘센 자들 앞에서 눈을 내리깔고 있어야 하거나, 아니면 그런 힘센 자들의 기분을 놓치지 않기 위해 언제나 눈을 크게 뜨고 있어야만 하는 사람들이 가지는 자유에의 갈망을 들어주는 데에는 그리 성공적이었다고 할 수 없다. 자유주의자들은 이러한 종류의 주종적(主從的) 지배에 맞서 싸우려 할 때 이러한 목적에 걸맞지 않는 그들의 자유 개념, 즉 '간섭의 부재'라는 의미의 자유 개념을 휘두를 수가 없었다. 그래서 그들은 자유 대신 정의나 평등 같은 다른 이상들을 이야기할 수밖에 없었다. (그래서 다양한 잡종의 개념들이 사용되었는데, 표현만은 대단히 멋졌다. "정의와 자유", "자유주의적 사회주의", "사회주의적 자유주의" 등이 그 예다.)

역사적 관점에서 본다면 공화주의와 자유주의의 관계

---

1. Noberto Bobbio, *Politica e cultura* (1995; Turin : Einaudi, 1974), 269－82쪽을 보시오.

는 일종의 파생관계이며 원작(原作)과 개작(改作)의 관계라 할 수 있다. 자유주의는 자신의 주요한 원리들, 특히 절대국가에 반대하여 제한국가를 옹호해야 한다는 원리를 공화주의에서 물려받았는데, 이러한 점에서 자유주의는 공화주의에서 파생된 교의라 하겠다. 자유주의적인 노르베르토 보비오Norberto Bobbio는 자유주의 사상가들은 하나같이 국가의 최고 통치권이 제한될 필요가 있음을 강조한다고 했는데, 이는 옳은 이야기다. 하지만 공화주의 사상가들도 공화국이나 군주국에 대해 자유주의자들만큼이나 열의를 가지고 동일한 요구를 한다. 예컨대, 마키아벨리는 절대권력을 "폭정"tyrannide이라 불렀으며, "제 마음대로 하는 군주는 미친 자이며, 제 마음대로 하는 민중은 지혜롭지 못한 자들"이라고 이야기하기도 한다.[2]

자유주의는 개인주의적인 정치사상으로서 정치공동체의 가장 중요한 목적을 개별 구성원들의 생명, 자유, 재산을 보호하는 데에 둔다. 자유주의자들은 공동체의 최고 목적이 특정한 내용의 도덕적 선(善)을 실현하는 데 있다고 상정하는 공동체주의자들과 토론할 때, 또는 그 최고 목적이 종교적 구원에 있다고 믿는 신정론자(神政論者)들과 토론할 때, 또는 그 최고 목적이 사회, 조직, 민족(국민) 전

2. Machiavelli, *Discourses*, I. 25.

체의 이익에 있다고 주장하는 사회유기체론자들과 토론할 때 '공동체의 최고 목적은 개별 구성원들의 생명, 자유, 소유를 보호하는 데 있다'는 자신들의 원칙을 자랑스럽게 내세우는데, 이는 백번 옳다. 하지만 이러한 그들의 핵심 원리는 사실 그들에 앞서 공화주의 사상가들이 먼저 확립시켜 놓았던 것이다. 예컨대 키케로는 『의무론』*De Officiis* (II. 21. 73)에서 사람들이 자연적 자유를 포기하고 정치공동체를 만들게 된 제일 이유는 바로 소유(所有)의 안전이었다고 주장한다.[3] 그리고 마키아벨리는 "자유로운 삶의 방식에서 오는 공동의 편익"이 무엇인지를 설명함에 있어서 집단적 목표니 하는 것에 대해서는 일언반구도 없이 오직 그 공동의 편익이 "자신의 것들을 자유롭고 걱정 없이 향유하고, 자기 아내와 자식들의 명예가 침해받을까 걱정하지 않으며, 그리고 자기 자신에 대해서 걱정하지 않는 데 있다"고 말한다.[4]

자유주의자들은 사회적 화합을 강조하는 보수주의 교의나 마르크스주의자들이 꿈꾸는 계급투쟁이 사라진 평화적 유토피아 담론에 맞서 사회갈등은 불가피할 뿐만 아니라 유익할 수도 있다고 주장하는데, 이 역시 확실히 옳

3. "Hanc enim ob causam maxime, ut sua tenerentur, res publicae civitatesque constitutae sunt."
4. Machiavelli, *Discourses*, I. 16.

은 이야기다. 하지만 이러한 주옥 같은 정치적 지혜로 찬사를 받을 사람은 실상 공화주의자인 마키아벨리이다. 발상의 전환을 가져온 이 혁신적 생각은 그의 『로마사 논고』에서 처음 등장하는데, 그는 민중파와 귀족파 간의 사회갈등이 "로마를 자유롭게 유지한 첫 번째 원인"이었다고 설명한다.[5] 획일성을 비판하고 다양성을 옹호한 존 스튜어트 밀에 대해 올바르게도 찬사를 아끼지 않는 사람들은 마키아벨리가 세상사의 다채로움을 찬양하고 모든 사람들은 자신의 방식으로 살아야지 남의 방식을 따라 살아서는 안 된다고 강조한 구절들에 대해 더더욱 찬사를 아껴서는 안 될 것이다. 어떤 공화주의자들은 공화국이라는 것을 도덕과 시민윤리(시민적 비르투)가 지배하는 '새로운 예루살렘'으로 상상하기도 하고, 다른 공화주의자들은 검열과 시민종교의 필요성을 지지하기도 한다. 하지만 이와 달리 고전적 공화주의는 도덕과 정신을 개선할 수 있다는 그런 환상에 시간과 정력을 결코 낭비하지 않았다.

권력의 분립이나 분할의 경우에서는 상황이 좀 다른데, 여기서는 자유주의 사상가들이 고전적 공화주의의 거장들보다 훨씬 멀리 나아갔다. 하지만 그럼에도 내가 앞에서 슬쩍 언급했듯이 공화주의 사상가들이 최고 통치권

5. Ibid., I. 4.

의 여러 '기능들' (입법, 행정, 사법)을 이미 분명하게 구분했었다는 것은 엄연한 사실이다.

한편, 고전적 자유주의만이 독특하게 내세우는 자연적(생래적 또는 양도불가한) 권리에 대한 교의는 개인의 자유와 인민들과 여러 집단들의 해방에 핵심적 역할을 해왔는지는 몰라도 자유주의 사상가들 자신이 스스로 지적한 대로 하나의 커다란 이론적 약점을 가지고 있다. 즉 권리라는 것은 오직 관습이나 법이 인정할 때에만 권리인 것이며, 그것은 언제나 역사적인 것이지 자연적인 것이 아니다. 역사 속에서 법에 의해 인정받은 것이 아닌 한, 그것은 단지 도덕적 열망에 불과하다. 물론 이것 역시 말할 것도 없이 중요한 것이긴 하겠지만, 그래도 도덕적 열망 이상의 것은 결코 될 수 없다.

사회계약에 관한 다양한 이론들—어떤 (이상적) 선택 상황 속에서 개인들이 만들어내는 합의가 정치기관들을 규율하는 근본규범의 근원(根源)이라고 주장하는 이론들—은 국가가 세상에 모습을 드러내게 된 실제 과정을 설명할 수 있다고 주장하진 않는다. 대신 그것들은 왜 무정부상태보다 국가 속에서 사는 것이 더 좋은 것인지, 그리고 왜 어떤 종류의 국가가 다른 종류의 국가보다 좋은 것인지를 보여줄 수 있다고 주장할 뿐이다. 비록 사회계약론을 피력하는 공화주의 계열 정치사상가들이 없었던 것은 아니지만(한 명만 거명하자면 루소가 있다), 내 생각엔 이 사회계약의 교의는 공화주의와 그리 잘 어울리는 것 같지 않다. 나는 정치제도의 가치에 대해 규범적 주장을 펼치는 경우, 그러한 방식보다는 역사를 이용하여 과거와 현재를 비교하거나 여러 나라들의 정치제도를 비교하는 것이 훨씬 지혜롭다고 생각한다. 이러한 접근을 통해 우리는 이상적인 모델에서 우리가 이해하려 하는 정치적·사회적 현실로 이동해야 하는 어색함을 피할 수 있으며, 우리의 주장이 모범적인 사례와 실제 벌어졌던 이야기를 동원함으로써 더욱 설득력을 가질 수 있게 된다. 공화주의의 정치언어는 자유공화국들의 공회당(公會堂) 속에서 태어났고 자라났는데, 바로 이곳에서 고도의 정치적 결정들이 거듭된 토론을 거쳐 이루어졌던 것이다. 따라서 공화주의의 정치언어는 철학적 언어라기보다는 수사적(修辭的) 언어였으며, 진리를 모색하기보다는 공공선, 즉 공동의 이익을 모색했다. 그것은 지혜 외에 어떤 추상적 이론들을 필요로 하지 않았다.

최소한 우리는 역사적으로 자유주의의 가장 쓸 만한 교리적 원리들은 공화주의로부터 물려받은 것들이었고, 자유주의가 독자적으로 개발해낸 원리들은 시간이라는 시험을 그리 잘 견뎌내지 못했다고 말할 수 있다. 그리고 자유주의는 그 자체의 문제 때문인지, 또는 그 이론의 주요 거장들의 잘못 때문인지 몰라도 정치적 자유에 대한 공화주의적 관점을 상실해 버렸고, 그리하여 자유주의는 앞에서 이야기했듯이 예속상태를 제거하는 능력이 약해질 수밖에 없었다. 예속상태를 없애는 것은 시민적 자유의 핵심 요소이다.

이론적 관점에서 보자면 자유주의는 공화주의의 대안이라기보다는 그 내용이 빈약해져 버렸거나 또는 자신의 일관성을 잃어버린 변질된 공화주의라 할 수 있다. 만약 퀜틴 스키너Quentin Skinner의 주장처럼 공화주의자들은 자유주의자들과 달리 "예속상태 속에서 산다는 것은 그 자체만으로도 속박의 원인이 되며 속박의 한 형태이다"라고 일관되게 주장하고 있는데, 이러한 점에서 공화주의는 고전적 자유주의보다 더욱 철저하고 일관된 형태의 자유주의적 사상이라 할 수 있겠다. 자유주의자들은 "힘의 행사 또는 위압적인 힘의 위협만이 개인적 자유를 제한하는 유일한 속박"이라고 믿는데, 공화주의자들은 이들 자유주의자들보다 더 철저하게 개인에 대한 속박을 줄이고자 하며, 이러한 이유 때문에 예속에서 기인하는 속박에 대해서도 적극적으로 맞서는 것이다.

공화주의는 제약이 아닌 예속을 자유에 가장 해로운 것으로 본다는 페팃Pettit의 입장에 따르면, 모든 법은(타인의 자의에 예속되는 것을 막으려는 비자의적인 법들조차도) 어쩔 수 없이 자유를 제한하게 된다고 생각하는 자유주의자들과 달리, 공화주의자들은 그러한 법들이야말로 자유를 지키는 가장 확실한 보루(堡壘)라고 생각하며, 그러한 법들이 자의적 권력들과 예속의 중압을 경감시켜 주기만 한다면 어떤 엄격한 법들도 기꺼이 받아들이려 한다. 이렇게 본다면 공화주의는 (자유주의와는 잘 지낼 수 있겠지만) 자유방임주의와는 도저히 함께 할 수 없을 것이다. 많은 자유주의자들은 자유의 외연(外延)을 현재 모습 이상으로 확장하려는 공화주의적 목표에 동의한다. 공화주의자들은 더욱 많은 여성과 남성들이 시민됨의 문화를 함께 향유하기를 바라며, 또한 민주주의적 평등을 그 자체 멋지고 가치 있는 것으로 생각한다. 공화주의자들은 또한 타인의 종이 되는 것을 거부하면서 모든 사람을 존중하는 마음으로 대하고, 언제나 자신의 시민적 의무를 다 하며, 언제나 타인들과 연대(連帶)할 준비가 되어 있고자 노력한다. 자유의 외연을 확장하기 위해서는 공공 부문이나 사기업 부문을 불문하고 직장을 구하는 데 있어 타인의 자의적 판단에 휘둘리는 사람들이 줄어야 하며, 공권력과 관료들 앞에서 무력함을 느끼는 사람들이 줄어야 한다. 또한 자신이 속한 하위문화나 인종집단이 보잘 것 없는 역사를 가진 열등한 집단으로 간주됨에 따라 더욱 침묵과 수동성 속으로 빠져들게 되는 사람들이 줄어야 한다. 또한 직장에서 차별당하거나 무시당하는 사람들과 집안의 좁은 공간으로 갇혀 있는(또는 스스로를 가두려 하는) 사람들이 더욱 줄어들어야 한다. 자유주의자들이 더욱 폭넓은 자유를 향해 전진하려는 이러한 열망에 반대할 이유가 있을까? 만약 자유주의자들이 '예속의 부재' 라는 자유 개념을 그들의 언어와 정치방식 속에 받아들인다면, 그들은 새로운 세기를 위한 자신들의 정치적 메시지에 새로운 활력을 불어넣게 될 것이다.[6]

스키너는 권리 개념의 사용 유무에서 고전적 공화주의와 자유주의 사이에 존재하는 중대한 이론적 차이를 발견하는데, 마키아벨리를 필두로 하는 고전적 공화주의자들은 권리에 대해 이야기하지 않았던 것이다. 생래적이거나 자연적인 권리에 대해서는 더더욱 언급하지 않았다. (마찬가지로 권위 있는 자유주의 사상가들 중에도 생래적이거나 자연적인 권리 개념을 상정하지 않는 사람들이 있다.)[7] 하지만 근대적인 권리 개념은 공화주의가 말하는 정치적 자유와 시민적 삶의 이상에 완벽할 정도로 잘 어울린다. 권리 개념, 특히 그것의 실천은 토크빌이 고전적 공화주의가 짙게 울

6. Roger Boesche, "Thinking about Freedom," *Political Theory* 26 (1998) : 863쪽을 보시오.

7. Stephen Holmes, *Passions and Constraint : On the Theory of Liberal Democracy* (Chicago : University of Chicago Press, 1955).

려 퍼지는 다음의 문장을 통해 설명하였듯이, 굴종과 오만 모두를 거부하는 생활방식을 시민들에게 가르친다.

> 일반적 개념인 (시민적) 비르투vertu 다음으로 권리 개념보다 아름다운 것은 이 세상에 없을 것이다. 실제에 있어서 양자는 섞여 나타난다. 권리 개념은 다름 아니라 정치세계에 실제 적용된 비르투이기 때문이다.
> 권리의 개념을 이용하여 사람들은 방종과 폭정의 성격을 규정해 왔다. 권리의 빛을 등대 삼아 우리는 각자가 오만하지 않으면서도 독립적일 수 있고, 굴종하지 않으면서도 복종할 수 있다. 어떤 사람이 강제력에 굴복하게 되면 그는 존엄성을 상실하게 된다. 하지만 그가 타인에게 자신에게 명령할 수 있는 권리를 인정하는 경우, 어떤 의미에서 그는 그 명령자 위에 위치하게 되는 것이다. 어느 개인도 비르투가 없이는 훌륭해질 수 없다. 마찬가지로 어떤 나라도 권리에 대한 존중 없이는 위대해질 수 없다. 심지어 권리에 대한 존중과 비르투 어느 하나가 빠져서는 사회 자체가 있을 수 없다고도 말할 수 있다. 도대체 강제력 하나만으로 뭉쳐놓은, 이성과 지성을 가진 존재들의 조직이라는 게 무엇이란 말인가?[8]

8. Alexis de Tocqueville, *Democracy in America*, ed. J. P. Mayer, trans. George Lawrence (New York : Harper & Row, 1969), 237–40쪽

자유주의와 공화주의 간의 중요한 공통점에도 불구하고 자유에 대한 공화주의적 이상은 자유주의적 이상보다 오늘날의 민주주의에 더 유용할 것으로 생각된다. 그것에 의해 우리는 타인의 자의적 의사에 예속되는 것을 자유의 상실로 볼 수 있게 되고, 무엇보다 자유와 시민적 비르투 간의 연관성을 명확하고 더욱 설득력 있게 설명할 수 있게 된다. 자유라는 이상을 단지 간섭의 부재로만 이해하는 사람은 일정한 시민적 의무들—자선기관에 기부하기, 사회연대 프로그램 후원하기, 주요 시민사회 단체에 참여하기 등—을 이행하는 데는 동의할 수 있다. 왜냐하면 그는 이러한 행동이 도덕적 가치를 지닌다고 믿거나, 이러한 행동을 통해 공동체가 좀더 품위 있고 평온해질 수 있다고 믿거나, 또는 공익에 봉사하는 것(벵자멩 꽁스땅Benjamin Constant은 이것을 애국이라 칭했다)이 개인의 자유를 오만한 통치자, 오만한 시민들의 횡포로부터 보호하는 데 도움이 된다고 믿기 때문이다. 하지만 이러한 사람을 설득하여 공익을 위해 돈을 내거나 시간을 내서 봉사를 하도록 하는 법률을 지지하도록 만드는 것은 무척이나 어려운 일이 될 것이다. 왜냐하면 그는 이러한 것을 자유에 대한 제한으로 간주할 것이기 때문이다. 자유주의적 자유는 간

을 보시오.

섭의 부재를 의미할 뿐만 아니라, 『리바이어던』에서 홉스가 기술했듯이 "봉사의 면제"*이기도 하다. 하지만 자유에 대한 공화주의적 이상을 받아들인 시민들은 이에 동의하지 않는다. 왜냐하면 그들은 자유의 상실을 다르게 이해하기 때문이다. 공공 봉사 의무를 자유에 대한 제한으로 간주하는 자유주의자들과 달리, 그들은 공공 봉사 의무를 자유의 필연적 동반자로 생각하기 때문이다. 홉스의 표현을 좀 사용하자면, 그들은 역시 루카의 시민들이 오스만 투르크 제국 술탄의 신민(臣民)들보다 더 많은 공공 봉사를 해야만 했다는 점을 잘 알고 있다. 하지만 그들은 루카에서 더 많은 자유를 누릴 수 있음을 또한 잘 알고 있다.

공화주의와 자유주의의 차이들도 중요하긴 하지만, 시민적 덕성(비르투)을 부활시키기 위해 민주사회들의 도덕적 · 문화적 동질성을 강화하려는 공동체주의로부터 공화주의를 구분짓는 차이들보다는 중요하지 않을 것이다. 하지만 이상하게도 공화주의가 공동체주의의 일종일 것이라는 믿음이 널리 퍼져 있다. 예컨대, 위르겐 하버마스는 공화주의가 아리스토텔레스 철학에서 파생된 하나의 지적 전통으로서 시민이 된다는 것을 종족적 · 문화적 자치(自治) 공동체의 구성원이 된다는 것으로 이해하는 원리

* "immunity from the service" (Leviathan, Part II, chapter XXI)

에 입각해 있다고 기술한 적이 있다. 그의 관점에 따르면, 공화주의는 시민들을 오직 공통된 전통과 문화(도덕적 선에 대한 관념도 포함된) 속에서만 자신들의 정체성과 도덕성을 발전시키고 표현할 수 있는 공동체의 부속품 같은 것으로 간주한다는 것이다.[9]

이렇게 공화주의를 일종의 정치적 아리스토텔레스주의로 해석하는 것은 역사적으로 볼 때 오류가 아닐 수 없다. 공화주의 사상가들은 시민이 된다는 것의 의미가 자치적인 종족-문화 공동체*에 소속된다는 데에 있는 것이 아니라, '레스 푸블리카' res publica 또는 '키비타스' civitas (즉 개인들이 법의 지배 아래에서 정의와 자유를 만끽하면서 더불어 살도록 하는 것을 목적으로 둔 정치적 공동체)의 멤버십에 따르는 여러 시민적 · 정치적 권리들을 행사한다는 데에 있다고 믿었다. 공화주의자들에게 있어서 공공선 중 가장 중요한 것은 정의인데, 왜냐하면 오직 정의로운 공화국 안에서만 개인들이 타인의 의지에 굴종하지 않고 자유롭게 살아갈 수 있기 때문이다. 따라서 공화국의 토대는 동등한 권리, 즉 정의인데, 공동체주의자들은 공화주의

9. Jürgen Habermas, F*aktizität und Geltung* (Frankfurt : Suhrkamp, 1992), 640; and *Die Nachholende Revolution* (Frankfurt : Suhrkamp, 1990), 208쪽을 보시오.

* 즉 정치세계 이전의(pre-political) 공동체

자들과 달리 특정의 도덕적 선 관념을 공유함으로써 이것을 강화할 수 있으리라 믿는다.

공화주의 정치사상가들에게 있어서 공화국은 추상 속의 정치적 실체가 아니라, 우리 조상들이 힘써 건설했으며 우리의 후손들이 자유 속에서 살아가도록 하기 위해서 우리에게 그것을 힘써 유지해야 하는 과업이 주어진, 그런 선(善)이다. 모든 국민공동체는 특별하며, 그것은 자기 자신만의 역사와 남들과 구별되는 자기 자신만의 특성을 가진다. 하지만 진정한 공화국이 되기 위해서는 그것은 필히 정의에 기반을 두어야 한다. 정의와 법의 지배라는 기초 위에 세워진 공화국은 우정과 연대의식, 그리고 공동체주의자들이 말하는 소속감을 제공한다. 반면, 배타적이고 비보편적인 도덕 및 정의 관념, 또는 그러한 문화 위에 세워진 공화국은 모두를 위한 공화국은 되기 어려우며, 따라서 그것은 정의롭지 못할 것이다.

또 하나 현재 퍼져 있는 착각 중 하나는 공화주의가 자치정부에의 참여를 최고의 가치로 간주하고 있다는 생각이다.[10] 내가 앞에서 이미 언급했던 것처럼, 고전적 공화주

10. 예컨대 Don Herzog, "Some Questions for Republicans," *Political Theory* 14 (1986) : 486쪽, and Charles Taylor, "Cross−Purposes : The Liberal−Communitarian Debate," in *Liberalism and the Moral Life*, ed. Nancy L. Rosenblum (Cambridge, Mass. : Harvard Uni-

의 사상가들은 공화국의 공적 삶에 참여하는 것은 자유를 유지하고 시민들에게 시민교육을 제공하기 위해 중요하며, 따라서 그것은 모든 합리적인 방법을 통해 권장되어야 한다고 믿었다. 하지만 그것이 공화국의 주된 가치나 목적은 아니었다. 그것은 자유를 지키고 최고의 시민들을 선발하여 책무를 맡기기 위한 수단이었을 뿐이다. 모든 결정에 시민들이 직접 참여하도록 하는 것보다 좋은 통치자를 가지는 것이 종종 더 중요하다. 중요한 것은 시민들의 직접 참여 여부보다는 통치와 결정을 담당하는 사람들이 공공선에 진정으로 봉사하려 하느냐 여부이다.

공화주의적 평등은 단지 시민적 · 정치적 권리의 평등만으로 이루어져 있진 않다. 그것은 또한 모든 시민들에게 존엄과 자존심을 가지고 살아갈 수 있을 정도의 사회적 · 경제적 · 문화적 조건들을 보장해 줄 것을 요구한다.

---

versity Press, 1989), 165과 177쪽 ; Michael Sandel, *Democracy's Discontent* (Cambridge, Mass. : Harvard University Press, 1998) ; Michael Walzer, "Rescuing Civil Society," *Dissent* (Winter 1999), 62–67쪽 ; David Miller, introduction to *Liberty*, ed. David Miller (Oxford : Oxford University Press, 1991), 6쪽 ; David Wootton, "Introduction : The Republican Tradition : From Commonwealth to Common Sense," 17–18쪽, and Blair Worden, "Republicanism and the Restoration, 1660–1683," 174쪽, in *Republicanism, Liberty, and Commercial Society, 1649–1776*, ed. David Wootton (Stanford, Calif. : Stanford University Press, 1994)을 보시오.

근대 공화주의의 지도적 사상가들은 우리들에게 사회적 평등이라는 주제와 관련하여 두 개의 특별히 가치를 가지는 가르침을 들려준다. 그 첫 번째는 마키아벨리에 의해 정립된 것인데, 어느 시민도 가난을 이유로 공적인 명예로부터 배제되거나 오명을 얻게 되지 않아야 한다는 것이다. 그 두 번째는 루소에 의해 정립되었는데, 공화국이라는 이름에 걸맞는 나라에서는 어느 누구도 자신을 팔아버려야 할 정도로(즉 하인이나 피보호자가 됨으로써 자신의 충성과 굴종을 힘세고 부유한 시민들에게 팔아야 할 정도로) 가난해서는 안 되며, 어느 누구도 사적인 혜택들을 미끼로 다른 시민들의 굴종을 사버릴 수 있을 정도로 부유해서도 안 된다는 것이다.

이 두 가지 원칙은 우리 시대에 있어서 공화주의적 평등의 가장 기본적인 토대를 이룬다. 첫 번째 원칙은 시민들이 너무나 가난해서 공공 부문이나 사기업에서 일자리를 구할 수 없게 되거나 교육의 기회조차 가질 수 없게 되는 것을 정부가 적극적으로 막을 것을 요구한다. 정부가 이렇게 해야 하는 것은 바로 정의 때문인데, 공화국은 시민들이 가난 때문에 배제된다는 수치스런 경험을 겪도록 내버려 둘 수 없으며, 또한 공화국은 명예로운 공직이나 특별한 지위를 놓고 하는 경쟁에서 가장 부유한 자나 가장 큰 특권을 가진 자가 아니라 가장 우수한 자가 승리하도록 보장해야 하기 때문이다. 실제로 가장 우수한 자의 승리를 보장하기 위해서는 경쟁이 절대적으로 공평하고 공정해야 한다.

루소가 제시한 두 번째 원칙은 공화국이 모든 사람들에게 불운이 찾아왔을 때도 밑바닥으로 떨어지지 않도록 일할 권리와 기타 사회적 권리들을 보장할 것을 요구한다. 하지만 이러한 사회적 권리들은 복지국가적 접근과 혼동하지 말아야 하는데, 이러한 복지국가 정책들은 평생토록 국가의 보호를 받아야 하는 사람들을 만들어낼 위험이 있고, 특권을 인정하고 또한 개인들이 자력으로 일어서는 것을 돕지 못하고 있다. 또한 사회적 권리들은 공적 구호(救護)(또는 더 나쁜 형태인 사적 자선)와 혼동하지 말아야 하는데, 구호나 자선은 타인을 돕는 것을 돕는 자의 선의(善意)에 의존하도록 만든다. 공적(그리고 사적) 구호(자선)는 아무리 칭찬할 만한 경우라 하더라도 시민적 삶과는 양립할 수 없는 것인데, 왜냐하면 그 도움을 받는 사람들의 존엄성에 상처를 주기 때문이다. 아프거나 늙는 것은 결코 범죄가 아니다. 공화국은 이익을 추구하는 기업이 아니라, 시민들의 존엄성을 보장해 주려 노력하는, 함께 더불어 살아가는 생활방식이다. 따라서 공화국은 동정 행위로서가 아니라 시민이 가진 당연한 권리에 따라 그러한 구호를 제공해야 할 의무가 있다. 공화국은 시민들을 도와야 하는 의무를 이행함에 있어서 도움을 받는 사람들이 전혀 부담을 느끼지 못하도록 해야 하며, 또한 그 의무를 다른 사적 개인들에게 떠넘겨서도 안 된다.[11]

11. 공적 그리고 사적 자비(charity)에 대해서는 여전히 마찌니의 말들이 어울린다 : "기독교적 자비는 달성되어야 할 공동의 한 목표에 대한 신념이라기보다는 하나님의 의지에 의해 이 세상에서 영혼을 개선시키기 위한 한 수단일 뿐이다 : 그것은 자선 혹은 박애의 한계를 넘어서지 못했다; 배고픈 자들을 발견하면 그들을 먹였고, 헐벗은 자들을 보면 그들을 입혔으며, 아픈 자들을 돌보았다; 그러나 그 가난과 헐벗음의 원인들을 어떻게 제거할까에 대한 사고는 전혀 없었다." "Dal Concilio a Dio," in *Scritti editi e inediti Giuseppe Mazzini* (Imola : Paolo Gallati, 1906), vol. 86, 241ff.

5장

공화주의적 덕성

자유를 수호하기 위해서 공화국은 '시민적 덕성' civic virtue, 즉 공공선에 봉사하겠다는 시민들의 각오와 능력에 의지할 수 있어야 한다. 이 시민적 덕성(또는 시민적 비르투)은 공화정부의 토대—또는 몽테스큐의 표현을 쓰자면 공화정부의 '정신' esprit*—이다. 하지만 요즘의 정치사상

* 몽테스큐의 *Esprit des lois*는 정확히 그 책제목을 번역하자면 '법의 정신'이 아니라 '법들의 정신'이라고 하겠다. 여기서 몽테스큐는 개별법들을 초월하여 지배하는 시대정신, 일종의 정치적 · 사회적 · 문화적 컨센서스의 존재를 지적했는데, 그는 이를 esprit라 불렀다. 프랑스어인 esprit는 당시 독일에서는

가들 사이에서는 공화주의 저자들이 이야기하는 시민적 덕성이라는 것은 실현불가능한 것이거나 위험스러운 것, 또는 실현불가능하면서 동시에 위험스러운 것이라는 생각이 퍼져 있다. 즉 현재의 민주주의 사회의 시민들은 개별집단의 이해에 묶여 있어 공공선을 추구할 동기를 가지기 어렵다는 점에서 '실현불가능' 하고, 오늘날의 다문화적 사회에서 시민들의 시민적 덕성이 강해지는 경우, 시민들은 다른 것에 대해서는 덜 관대해지고 자신들의 것에 대해서는 더욱 열광적으로 될 가능성이 있기 때문에 '위험' 하다는 이야기다. 끝으로, 그들은 이렇게 시민적 덕성이 충만한 사회를 만들려다 보면 어쩔 수 없이 시민들의 자유가 제한될 위험이 있을 것이라고 주장한다.[1]

시민적 덕성이 오늘날의 시민들로서는 가까이 갈 수 없는 것이라는 생각은 아마도 몽테스큐의 『법의 정신』에서 기원한 것으로 보인다. 몽테스큐에게 있어서 그러한 정치적 덕성은 정치공동체가 존속하고 번영하는 데 필요불가결한 공화정부의 정신이며, 시민들 마음 속에 자리잡은 지배적 열정이다. 동시에 그는 이것을 새로이 시민들의 가슴 속에 불어넣는 것은 지독히도 어려운 일임을 강

대개 Geist로 번역되었다.

1. 이와 관련해서는 Michael Walzer, *What It Means to Be an American* (New York : Marsilio, 1992), 81－101쪽을 보시오.

조한다. 시민들이 탐욕과 야심을 좇아 공화국과 그 법을 무시하면 법은 힘을 잃게 되고 공화국은 와해될 것이라는 점에서 시민적 덕성은 필요불가결하다는 것이다. 또한 시민적 덕성이란 일종의 금욕 같은 것이어서, '배타성을 지니고 있어' 소수만이 즐길 수 있거나 모두가 동일한 만큼 즐길 수 없는 부나 명예 같은 것들에 대해 시민들이 절욕(節慾)할 것을 요구한다는 점에서, 그것을 시민들에게 불어넣는 것은 지독히 어려운 일이라는 것이다.[2]

몽테스큐에 따르면, 시민적 덕성을 지닌 시민들을 만들어내기 위해서는 시민들의 열정과 욕망을 공동의 목표를 향하도록 가르쳐야 한다고 한다. 즉 시민들이 사적 이익을 추구하지 않거나 사생활의 쾌락에서 헤어나게 되면 그들은 공동체를 사랑하게 되는데, 이는 수도원의 금욕생활을 통해 자신들의 가장 강력한 열정의 분출구가 막혀버린 수도사들이 자신의 종단(宗團)을 열렬히 사랑하게 되는 것과 같은 원리다. 시민들은 엄격하고 검약하게 살도록 해야 한다. 즉 공동체가 사적인 욕구와 열정을 성공적으로 억압하면 할수록 공동체는 더욱 강해지고 단합될 것이다. 한마디로 말해 몽테스큐는 물적 탐욕과 정치적 야심

2. Montesquieu, *The Spirit of Laws* (Berkeley : University of California Press, 1977), IV. 5를 보시오.

뿐만 아니라 개인들의 사적 이익 추구 역시 시민적 덕성에 대한 위협이 된다고 보았으며, 시민적 덕성이 꽃피는 이상적인 토양은 엄격하고 검약하게 살아가는 작은 공화국들이라고 믿었다.[3]

몽테스큐가 쓴 시민적 덕성에 대한 글들은 18세기 정치문화에 심대한 영향을 미쳤다. 예컨대 프랑스 『백과전서』*Encyclopéie*의 「조국」patrie 항목에는 "시민적 덕성이란 '조국에 대한 사랑' amour de la patrie, 즉 나라의 법과 공공선에 대한 사랑을 의미하는 것으로서 주로 민주주의 속에서 꽃핀다 ; 공공선을 개인의 이익 위에 두기 위해서는 일종의 희생정신이 필요하며, 이러한 정신의 힘은 심지어 약한 사람들에게조차도 힘을 나눠줌으로써 이들로 하여금 '공익을 위해 위대한 일을' de grandes choses pour le bien public 달성하도록 한다"고 씌어 있다. 하지만 현대인들은 고대의 이러한 덕 있는 시민들의 모습을 읽었을 때, 이런 고대인들을 자신들이 따라야 할 모범이라고 생각하기보다는 비웃음을 사야 할 바보들이라고 생각할 것이다.

하지만 근대 초기 고전적 공화주의 사상가들은 시민적 덕성을 금욕이나 희생으로 이해하거나, 또는 검약과 사적인 즐거움의 포기를 요구하는 수도원과도 같은 생활

3. Ibid., VIII. 16.

방식으로 이해하지 않았다. 그들은 또한 그러한 정치적 덕성을 개인적 욕망에 무관심한 카토Cato 같은 사람이 가지는 덕성으로 이해하거나, 사적인 친분과 애정을 철저히 무시할 수 있는 브루투스Brutus 같은 사람이 가지는 덕성으로 이해하지 않았다. 1357년에서 1406년까지 피렌체 공화국의 통령을 역임했던 콜루치오 살루타티Coluccio Salutati는 정치적 덕성이라는 것이 어느 누구의 욕망을 희생할 것을 요구하는 것이 아니며, 결코 수도원 생활 같은 것이 아니라고 생각했다. 그가 친구에게 쓴 편지에 따르면, 우리는 카토의 "대리석 같은 엄격함"marmorea quasi severitas을 닮을 필요가 없는데, 왜냐하면 그가 훌륭한 능력으로 공화국에 봉사했는지는 몰라도 그는 자신의 가족들을 제대로 보살피지 못했기 때문이다.[4]

키케로의 입장을 따라 근대 인문주의자들은 지혜를 추구하는 철학자는 오직 자신에게만 이익을 주지만, 공공선을 위해 일하는 시민 한 사람은 다른 여러 사람들에게 이익을 가져다 준다고 계속해서 이야기한다. 신은 사람이 나라의 일에 몰입해 있을 때에도 가까이에 있으며, 진리와 덕이 내비치는 곳이면 어디에라도 존재한다고도 했다.

4. *Epistolario di Coluccio Salutati*, ed. Francesco Novati (Rome : Forzani, 1891–1911), vol. 1, 197–98쪽을 보시오.

마테오 팔미에리Matteo Palmieri가 1435년과 1440년 사이에 집필한 시민적 삶에 관한 저작에 따르면, 우리는 "이 세상에 존재한 적도 없고 상상 속에서나 존재하는 시민적 훌륭함"이라는 완벽한 시민적 덕성을 추구할 필요가 없고, 그 대신 "지금껏 우리들과 함께 살아왔고 앞으로 살아갈 시민적 덕성의 소유자들의 삶"을 지켜보면서 이러한 훌륭한 시민들의 좋은 점들—실제로 존재하며, 따라서 불완전하지만 그래도 여전히 신은 흐뭇해할—을 본받도록 노력하는 것으로 충분하다.[5]

15세기 피렌체 공화주의자들에게 있어서 시민적 덕성은 사생활의 포기가 아니었으며, 오히려 그것은 사생활을 즐겁고 안전하게 만드는 사생활의 주춧돌이었다. 이러한 점을 가장 잘 보여주는 것으로 레온 바티스타 알베르티Leon Battista Alberti가 1433년과 1441년 사이에 작성한 『가정에 관하여』 제3권에서 지안노초와 리오나르도가 나누는 다음의 대화를 들 수 있다.

> 자네와 마찬가지로 나 역시도 좋은 시민은 평온함을 사랑하지만 자신의 평온함보다는 다른 좋은 사람들의 평온함을 더욱 존중한다고 말하겠네. 좋은 시민은 개

5. Matteo Palmieri, *Vita civile*, ed. Gino Belloni (Florence : Olschki, 1981), 7과 54쪽을 보시오.

인적 쾌락을 즐기지만, 자신의 쾌락보다는 다른 시민 동료들의 사적 쾌락을 더욱 존중할걸세. 좋은 시민은 자기 가정의 화합, 안녕, 평화, 그리고 평온함을 바라지만 자기 고장과 공화국의 화합, 안녕, 평화, 그리고 평온함을 더더욱 기대하네. 여기서 중요한 것은 시민들 중 부(富)나 지식을 가진 자, 또는 명문가 출신인 자들이 자신들과 마찬가지로 자유시민이기는 하나 그들처럼 운이 따르지 않은 다른 시민들보다 더 많은 권력을 가지려 하는 경우, 그러한 좋은 것들(화합, 안녕, 평화, 평온)은 유지될 수가 없다는 점일세. 또한 모든 착한 사람들이 개인적인 여유를 즐기는 데에만 만족해 있어도 그런 공동체의 좋은 것들은 마찬가지로 유지되기 어렵다는 점일세. ”

같은 책의 뒷부분에는 다음과 같이 기술되어 있다.

“ 지혜로운 사람들은 이렇게 말해왔다. “좋은 시민들은 다른 사람들의 어리석은 짓들에 흔들리지 말고 공화국을 챙기도록 노력해야 하며, 자기 나라의 공무에 봉사해야 한다. 그래야만 공공의 평화가 강화되며 공공선이 유지되기 때문이다.” 따라서 좋은 시민들은 권력 있는 자리를 사악한 자들에게 주는 것을 피해야 한다. 왜냐하면 이들 사악한 자들은 착한 사람들이 권력에 무관심하다는 점과 자신들의 정직하지 않은 공약을 이용하여 머지않아 나라의 모든 체계들을 왜곡시키고, 공

공화주의

적인 행복과 사적인 행복 모두를 와해시킨다.[6]

물론 시민적 덕성은 부담스러울 수 있다. 공적 임무를 맡은 사람에게는 특히 그렇다. 공동체를 경영하는 사람들은 "사악하고 정의롭지 못한 시민들의" 개별적이거나 집단적인 저항에 맞설 수 있어야 한다. 또한 그들은 "극도의 엄정(嚴正)함"을 실천해야 하는데, 문제는 착한 사람들에게 이러한 엄정함은 큰 부담이 아닐 수 없다. 하지만 이것이 요구되는 상황에서 좋은 시민은 결코 물러서서는 안 된다. 좋은 시민은 "도적들과 온갖 종류의 사악한 자들, 그리고 정의롭지 못한 탐욕의 모든 불꽃을 이 세상에서 없애는 일"은 "극도로 경건한 행위"라고 생각해야 한다. 다른 말로 표현한다면 그것은 조국에, 공화국에 바치는 경배(敬拜)행위다. 즉 그것은 나에게 소중한 사람들—부모, 형제, 자식, 시민동료들—에 대한 열정이자 애정으로 표현되는 '경건'(敬虔)이다. 덕성을 가진 시민은 이성으로서 열정들을 억누르려 하지 않는다. 그 대신 그러한 열정들 중 하나인 시민적 우애가 다른 열정들 위에 서도록 하며, 시민적 덕성과 공화국에 대한 봉사를 사생활과 균형

6. Leon Battista Alberti, *The Family in Renaissance Florence*, trans. R. N. Watkins (Columbia : University of South Carolina Press, 1969).

을 이루도록 노력한다.

또한 피렌체 공화주의자들은 시민적 덕성이 부(富)와 완전히 양립가능한 것으로 보았다. 이러한 점을 이해하는 데는 일반적으로 아리스토텔레스 작품이라고 여겨지지만 실제로는 테오프라스투스Theophrastus 작품일 가능성이 있는 그 유명한 『가사론』(家事論)*oeconomica*에 대해 붙인 레오나르도 브루니Leonardo Bruni의 언급을 한번 읽어보는 것으로 족하다. 브루니는 재산을 자기 가족에 필요한 만큼보다 더 많이 모은 경우, 돈에 대한 갈증이 더더욱 심해질 것이라고("nullus est terminus divitiarum") 경고한다. 하지만 지혜로운 사람들은 부가 아무도 해치지 않기만 한다면 그 자체로 비난의 대상이 될 수는 없다고 믿는다고 브루니는 덧붙인다. 실제로 부는 사람을 인심 좋고 관대할 수 있도록 만들기도 하는데, 이러한 덕목은 공동체에 유익하다. 브루니는 덕성이라는 것은 그 자체로 충분한 것이어서 다른 물질적인 것들이 필요없다라는 스토아적 주장을 옳다고 생각하지 않았다.[7] 비슷한 생각을 우리는 팔미에리의 글 속에서도 찾아볼 수 있는데, 그에 따르면 "신사에게 있어서" 부는 덕을 실천하기 위한 수단에 불과하고, 물론 덕

7. Hans Baron, *In Search of Florentine Civic Humanism* (Princeton, N.J. : Princeton University Press, 1988), vol. 2, 229–50에서 인용한 것임.

이 없이는 부는 여전히 "약하며 불완전한 것"일 뿐이다.[8]

시민적 덕성에 대한 이러한 인문주의적 해석의 기본 윤곽은 마키아벨리 저작에서도 잘 나타나 있다. 마키아벨리는 열정을 버려야 한다는 식의 스토아적 윤리에 조금도 동조하지 않는다. 그는 시민적 삶이라는 것이 말하고, 옷 입고, 타인들에 대해 행동하는 방식에 있어서 어떤 품위를 요구하고 있다고는 믿었지만, 세상에는 다양성이 있으며 사람들은 많은 부분에서 약한 부분을 가진다는 데 대해 관용적이었다. 그는 법이 사람들을 착하게 만든다는 점을 지적하지만 완벽한 사람으로 만들 것을 기대하진 않았다. 그는 좋은 공화국을 유지하기 위해서 오만한 자들과 폭군이 되려는 자에 대해서는 엄격하게 다뤄야 한다고 경고했지만, 시민들이 성인(聖人)이 되어야 한다고 생각하진 않았다. 그가 생각하는 시민적 덕성은 카토의 '대리석 같은 엄격함'을 조금도 갖고 있지 않다. 그것은 자기 희생을 요구하지 않으며, 많은 열정들 중 특정한 열정을 다른 열정들을 억제함으로써 확대시킬 것을 요구할 뿐이다.

마키아벨리는 고대 로마인들을 시민적 덕성의 모범으로 설정하였지만, 그들을 공공선을 위해 자신의 목숨과 사생활을 희생하는 사람들이 아니라 자유 속에서 생활하

8. Palmieri, *Vita civile*, 63과 151쪽을 보시오.

는 것을 사랑했으며, 따라서 자신들의 사생활을 평화롭게 즐기기 위한 목적에서 자유에 봉사했던 그런 시민들로 묘사한다. 마키아벨리에 따르면, 고대 로마인들 중의 소수는 "통치하기 위해 자유를 갈구하기도 했지만, 그외의 대다수는 안전하게 살기 위해서 자유를 갈구했다."[9] 고대인들에 있어 그렇게도 강했던 자유에 대한 사랑은 다음과 같은 사실로부터 기인했다. 즉 "자유를 만끽하며 살았던 모든 도시들과 지방들은 자유로부터 큰 이점을 얻었는데, 그런 곳에서는 결혼이 더욱 자유롭고, 또한 자신의 아이들을 더욱 기꺼이 낳아 키우려 함으로써 인구가 더욱 많았다. 이러한 곳에 사는 사람은 자식들에 물려주는 유산이 몰수당할까 걱정할 필요가 없었으며, 또한 그 자식들이 노예가 아닌 자유인일 뿐만 아니라, 오직 자신의 능력과 덕성에 의해서 지도자가 될 수도 있음을 알고 있었기 때문이다."

마키아벨리의 관점에서 보면 부패하지 않은 시민들은 사적 이익과 공적 이익 중 어느 것도 희생하지 않으며, "양자를 견줘 생각한다." 그리고 그러한 이유로 "양자 모두 놀랍게 성장하게 된다." 덕성을 지닌 시민들은 자유를 만끽하는 삶에서 나오는 평안을 사랑한다. 그들은 "자유

9. Machiavelli, *Discourses*, I. 16.

로운 생활방식의 달콤함"을 사랑한다. 그들은 계속해서 그러한 평안함과 달콤함을 즐기기 위해 그들의 의무를 다하고, 법집행관의 결정과 법령에 복종하며, 자신들의 자유로운 생활방식을 파괴하려는 자들에 맞서 어떻게 저항해야 하는지, 그리고 필요한 경우 어떻게 세력을 동원해야 하는지 잘 알고 있다.[10]

15세기의 모든 인문주의자들과 마찬가지로 마키아벨리는 영광에 대한 갈증이 시민적 덕성에 있어 중요한 구성요소라고 믿었다. 그는 로마인들이 "조국의 영광과 공공선을 사랑했다"고 말한다. 그는 이러한 열정을 일반 시민들과 특히 군인들이 느낄 수 있도록 만드는 것이 중요하다고 생각했는데, 왜냐하면 "자신들의 영광을 위해서 싸우는 사람들만이 충성스러운 좋은 군인"이기 때문이다. 그리고 마찬가지로 중요한 것이 있는데, 공화국이 부패해 있을 때 조국과 영광에 대한 사랑을 좇아 공화국의 구원(救援)에 나설 수 있는 힘을 가진 누군가가 필요하다는 점이다. 그래서 마키아벨리는 "세상의 영광을 얻고자 하는 군주라면 부패한 국가를 가지기를 바라는 것이 좋은데, 물론 그것은 카이사르처럼 더 망치기 위해서가 아니라 로물루스처럼 바로잡기 위해서이다"라고 기술한다.[11] 마키

10. Ibid., II. 2.

아벨리에게 있어서 영광은 국가의 광장과 공회당에서 만들어지며, 이러한 영광에 대한 사랑은 결코 사적 이익을 초탈(超脫)할 것을 요구하는 것이 아니다. 고대 로마인들은 공공선과 조국을 사랑했지만, 동시에 사적인 이익과 '내 몸의' 안락(安樂)도 사랑했던 것이다.

마키아벨리가 다른 인문주의자들과 입장을 달리하는 지점 중 하나는 가난이라는 문제, 즉 '시민적 덕성을 위해서는 시민들이 가난해야 하는가'라는 문제이다. 그는 부(富)를 위험한 것이며, 시민적 덕성을 기르기 위한 수단이 못 된다고 보았다. 그는 부자들이 공화국에 위험하다고 생각했는데, 왜냐하면 부자들은 교만해지는 경향이 있으며, 주변에 물적 · 정치적 지원을 베풀어 당파를 조직하여 그 수장이 되고, 이러한 당파는 공공선보다는 자신들의 사적 이익들을 앞세우게 될 것이기 때문이다. 이러한 이유로 그는 "질서잡힌 공화국들은 공적 영역은 부(富)하게, 시민들은 가난하게 유지해야 한다"고 생각했다.[12] (참고로, 여기서 중요한 것은 마키아벨리에게 있어서 '가난'이란 점잖게 생계를 유지하기 위해서는 계속 근로를 해야 하는 수준을 말한다. 그래서 마키아벨리는 자신이 공직자로서의 봉급을 더 이상

11. Ibid., I. 10.
12. Ibid., I. 37.

못 받게 되었던 이후로 자신을 '가난'하다고 여겼으며, 그가 공직에 있는 동안에는 그렇게 생각하지 않았다. 그리고 그는 그의 가난 때문에 다른 사람들이 그에 대해 안 좋은 선입견을 가질 위험은 걱정하였으나 그의 '가난' 개념은 결코 물적 궁핍상태를 의미하는 것이 아니었다.)

몽테스큐와 그 이후의 사상가들은 시민적 덕성을 이탈리아 인문주의자들과 르네상스 저술가들이 생각했던 것보다 훨씬 더 완벽하고 엄격한 것으로 해석했다. 이탈리아 인문주의자들과 르네상스 사상가들은 시민적 덕성이 세속 국가 속에서 살아가는 개인들, 즉 신도 아니며 성인도 아닌, 그렇다고 짐승도 아닌, 그런 사람들에게 어울리는 좀더 인간적인 덕성이라 생각했다. 그들에게 있어서 이러한 덕성은 개인들의 열정과 이익을 희생시킬 것을 요구하지 않으며, 오히려 자유와 사적인 사교생활에 안정된 정치적 토대와 도덕적 고양을 주고자 하는 것이다. 또한 이러한 덕성은 세상살이에 있어서 다양성을 적극 포용한다. 왜냐하면 그것이 이 세상의 실제 모습이며, 그래서 멋진 것이니까. (공화국을 경험한 적이 없는) 18세기 프랑스의 한 사상가가 시민적 덕성을 저 멀리 있는, 그리고 너무 이상적이고 빛나는 것으로 생각하는 것, 그래서 그 실현불가능한 것으로 상상했던 것은 이해할 만한 일이다. 하지만 실제로 공화국에 살았던 사람들은 그것이 그렇게 엄격한 것이 아니라 좀더 가볍고 그래서 실현가능한 것으로 생각했다.

바로 이러한 것이 존엄을 유지하면서 살고픈 남녀 시민들이 가지는 시민적 덕성이다. 이들은 공동체가 썩은 경우 더 이상 존엄을 유지하기가 어렵다는 점을 잘 알고 있기에 가능한 모든 것을 다하여 공동의 자유를 유지하기 위해 노력한다. 그들은 불법적인 이익을 취하거나 타인들의 궁핍과 약한 점을 악용하지 않고 양심에 따라 자신의 직무를 수행한다. 가족 구성원들은 서로를 존중하므로 가족은 군주국 같은 모습이나 서로에 대한 필요성과 텔레비전 시청을 위해서만 모이는 서로 무관한 사람들의 집합 같은 모습 대신 작은 공화국 같은 모습을 갖는다. 그들은 자신들의 시민적 의무를 충실히 수행하지만, 그렇다고 고분고분한 것은 아니다. 그들은 불의한 법이 통과되는 것을 저지하거나 지도자들이 공익을 위해 특정 문제를 다루도록 압박하기 위해 적극적 행동도 불사한다. 그들은 다양한 종류의 모임—직업, 스포츠, 문화, 정치, 종교 등과 관련된 모임—활동에 적극적이다. 그들은 국내 정치와 국제 정치에 관심을 갖는다. 그들은 사회문제들을 이해하고 싶어하지만, 그렇다고 누가 자신들을 이끌어주거나 교리를 머리에 주입해 주기를 바라지는 않는다. 그들은 자기 나라 역사에 대해서 알고 싶어하고, 토론하고 사유하기를 바란다.

어떤 이들에게 있어서 참여에 대한 열정은 도덕적 감정에서 나온다. 더 정확히 말해서 자신들을 함부로 대하거나 차별하는 데 대한 분노, 그리고 부패, 교만, 천박함에 대한 분노에서 기인한다. 다른 이들에게 있어서는 그것이 점잖지 못한 것과 천박한 것이 눈에 거슬리는 데서 기인하기도 한다. 또 다른 이들은 특별한 관심사항에 의해 동기부여가 되기도 한다. 즉 안전한 거리, 좋은 공원, 잘 관리된 광장, 좋은 기념시설, 좋은 학교와 좋은 병원들이 그러한 관심사항이 될 수도 있다. 또 어떤 이들은 존경과 공적인 명예를 얻기 위해, 또는 의장석에 앉고 멋진 연설을 하고 행사장 맨 앞줄에 서고 싶어 열심히 참여할 수 있다. 대부분의 경우 이러한 여러 동기들은 함께 작동하게 되며, 서로 상승작용을 일으킨다.

이러한 형태의 시민적 덕성이라면 전혀 불가능하거나 위험하지도 않으며, 그런 모습만으로도 어떤 다른 형태와 마찬가지로 충분히 공화주의적이다. 우리는 이런 정도의 시민적 책임감을 가진 시민들의 모습들을 충분히 머리에 그릴 수 있으며, 이런 사람들이 공동체와 자기 자신들에게 이로운 사람들이라고 말할 수 있다. 하지만 이러한 모습의 시민적 덕성이 다른 식의 생활방식에 의해 질식될 때, 특히 오만과 굴종의 문화에 의해 질식될 때 문제는 발생하게 된다. 반면, 입법과 법집행을 담당하는 사람들이 약은 사람들에게 명예를 실어주는 것이 아니라 공로가 있는 사람들, 공화국을 위해 좋은 일을 한 사람들을 제대로 대우해 주는 경우, 시민적 문화는 무럭무럭 자라나게 될 것이다.

하지만 이제 너무 늦은 것 아닌가? 나는 이 질문에 대한 최선의 대답은 다음과 같은 토크빌의 글에서 찾을 수 있다고 생각한다.

> "어떤 법도 희미해지고 있는 믿음을 다시 살릴 수는 없다. 하지만 법은 사람들로 하여금 자기 나라의 운명에 관심을 갖도록 할 수 있다. 인간의 마음에는 결코 떠나지 않는 애국심이라 불리는 어떻게 정의하기 어려운 본능이 숨어 있는데, 법은 이러한 본능을 일깨우고 지도해서는 이것을 일상의 생각과 열정, 그리고 일상의 습관과 연결시켜 하나의 의식되면서 지속되는 감정으로 만들 수가 있다. 우리는 결코 이제는 이것을 시도하기에 너무 늦지 않았나라고 말해서는 안 된다. 개인은 늙지만 나라는 늙지 않는다. 계속해서 세상에 나타나는 신세대는 입법가가 새로운 모습으로 주조해낼 수 있는 막 나온 굳지 않은 재료다.[13]"

13. Alexis de Tocqueville, *Democracy in America*, 94–95쪽을 보시오.

6장

공화주의적 애국

시민적 비르투, 즉 공익에 관한 시민들의 관심이라는 문제를 좇아 이제 우리는 애국이라는 다음 문제로 다가간다. 수세기 동안 공화주의적 정치저작들은 시민적 비르투에 힘을 불어넣은 가장 큰 열정은 바로 아버지 나라, 즉 조국에 대한 사랑이라고, 아니 시민적 비르투와 조국애는 같은 것이라고 주장해 왔다. 이 문제의 중요성을 감안할 때, 공화주의적 저작들이 자주 애국을 언급하거나 다뤘다는 것은 전혀 놀라운 일이 아니다. 오히려 오늘날 대부분의 신공화주의 사상가들이 이 주제에 당연히 주어야 할 관심을 못 주고 있다는 점이 놀라운 일이다. 이러한 허점이 확연하므로 나는 이를 메우려 한다.

고전적 공화주의에서 나라사랑은 정확히 말하자면 정치공동체와 시민동료들에 대한 카리타스(대승적 사랑) caritas*이다. 이 카리타스 개념은 로마시대에 형성되어 중세시대 지역공동체의 자치를 지지했던 스콜라 정치이론가들의 저작으로 이어졌다. 예컨대, 루카의 프톨레미Ptolemy of Lucca는 "조국에 대한 사랑은 사익을 공익 위에 두기보다 공익을 사익 위에 두려는 카리타스에서 자라나는 것"이라고 기술했다.

심지어 그것이 정의와 이성의 원리를 존중하므로 "이성적 · 합리적 사랑"이라 불릴 수 있을 때도 조국에 대한 사랑은 (보편이 아닌) 특정 공화국과 그 시민들에 대해서만 보이는 애착이다. 이러한 애착은 특히 수많은 중요한 것들—법, 자유, 공회당, 광장, 친구와 적, 승리와 패배의 기억, 희망과 두려움—을 공유하는 자유공화국 시민들 사이에서 나타난다. 무엇보다 사회적 · 정치적 평등이 전제되어야 이러한 애착이 나타나는데, 이 애착은 공공 의무의 이행officium으로, 그리고 공공선에 대한 애착cultus의 모습으로 화한다. 마지막으로 '카리타스 레이푸블리케' caritas

* 이 단어에서 영어 charity가 나왔다. 하지만 원래 의미는 charity보다 넓다.

reipublicae, 즉 말 그대로 공동체에 대한 대승적 사랑은 시민들에게는 시민적 의무를 수행할 힘을 주고 위정자들에게는 공동체의 자유수호에 따르는 과중한 의무들을 감당할 수 있는 용기를 주는 등, 모든 이들의 영혼에 힘을 불어넣는다.

스콜라적 정치이론가들은 자신들의 저작과 설교에서 애국에 대해 다루면서 카리타스라는 고대 로마의 개념을 부활시켰는데, 물론 이번에는 그리스도교적 주제를 동반해서였다. 이 두 전통의 결합은, 비록 피렌체 애국주의가 어떤 사제라도 듣고서는 이단이라고 단정할 수 있는 "영혼보다 조국을 더욱 사랑하라"는 말이 보여주듯 격렬히 반종교적 색채를 띠었음에도 불구하고 14, 15세기 피렌체 애국주의의 독특한 성격이 되었다. 하지만 피렌체 애국주의는 매우 그리스도교적이었다. 이러한 지성사적 맥락을 모른다면 우리는 마키아벨리의 『로마사 논고』에 나오는 한 구절, 즉 그리스도교의 종교 자체와 교육에 대해 상당히 과격한 공격을 가한 후, 그가 그리스도교는 제대로만 해석된다면 "조국에 대한 사랑과 수호심을 고무시킬 것이며, (중략) 조국을 사랑하고 그 명예를 숭상하며, 또한 그것의 수호를 위해 우리를 준비시킬 것이다"[1]라고 한 대

1. Machiavelli, *Discourses*, II. 2.

목을 이해할 수 없다. 스콜라적 학자들의 정치저작을 썩 좋아하지 않았고 또한 교회에 나간 적도 거의 없는 그였지만, 마키아벨리는 고대 로마의 전통을 포함하고 있는 그리스도교적 애국이 존재할 수 있음을 명백히 인식하고 있었다.

애국과 관련된 개념들은 16세기 후반 및 17세기의 이탈리아 국가들에 있어서 이론화되고 가끔은 실천에 옮겨진 정치개혁 프로젝트에 매우 중요한 의미를 가졌다. 당시 이탈리아 군주들이 통치한 국가들이나 외세가 통제한 국가들 안에서 진행된 논의의 정치개혁 주제는 평등이었는데, 그 의미는 "공동체 멤버십과 공동의 이익에 근거한 연대"의 원칙으로 이해되었다. 역사가인 로자리오 빌라리 Rosario Villari는 시민의 평등에 대해 다음과 같이 설명한다.

> 시민의 평등은 법적 불평등과 어느 정도의 정치적 권리상의 불평등을 배제하지 않는다. 또한 그것은 법에 대한 순수하고 단순한 형태의 존중을 의미하는 것도 아니다. 그것은 '고베르노 라르고' governo largo, 즉 "저변이 넓은 통치"를 법의 안정적 권위를 확립하기 위한, 그리고 자의적인 통치, 무정부상태, 그리고 독재를 막기 위한 하나의 필요조건으로 간주하면서 요구한다. 그 핵심적 목표는 (중략) 공동체의 모든 멤버들을 하나로 묶는 시민적 연대를 굳건히 함으로써 모

든 시민들이 빈부귀천을 불문하고 자신의 사회적 · 정치적 역량에 맞게 전체 이익에 이바지하도록 만드는 것이다.[2] ”

18세기에 공화주의적 애국이 사용하던 언어는 아직 '카리타스 레이푸블리케' caritas reipublicae와 '카리타스 키비움' caritas civium과 같은 고전적인 관념들과 완전하게 궤를 함께하고 있었지만 한층 더 확연한 정치적 의미를 담게 되었다. 예컨대 프랑스에서 발간된 『백과전서』*Encyclopédie*에 따르면, "조국"patrie이란 일반적으로 생각하듯 우리가 태어난 장소를 의미하는 것이 아니라, 우리를 구성원으로 하고 그 법이 "우리의 자유와 행복"nos libertés et notre bonheur을 지켜주는 그런 "자유국가"état libre를 의미한다. 계몽주의 정치사상가들은 "조국"이라는 단어와 "공화국"이라는 단어를 동의어로 간주했는데, 왜냐하면 그들은 오직 공화국만이 진정한 조국이 될 수 있는 것으로 믿었기 때문이다. 이렇게 조국과 공화국이 같다고 한 것은 단지 논쟁을 걸기 위해 만든 표현이 아니었다. 그것은 실제로 하나의 이념을 짧게 표현한 것인데, 즉 폭군의 속박 아래

2. Rosario Villari, "Patriottismo e riforma politica," in *Libertà politica e virtù civile,* ed. Maurizio Viroli (forthcoming).

에서는 시민들은 보호받을 수도 없고, 공적인 삶에 참여할 수도 없으며, 시민들은 아웃사이더나 마찬가지이고, 따라서 조국을 가지고 있지 못하다는 것이 그 이념이었다. 『백과전서』의 상기 항목을 작성한 사람은 몽테스큐의 입장을 따라 다음과 같이 기술했다 : "동양적 전제주의 치하, 즉 법은 없고 오직 군주의 의지만이 있는 곳, 군주의 변덕을 찬양하는 것 말고는 다른 규칙이 없는 곳, 공포 말고는 다른 통치원리가 없는 곳, 어떤 재산도 안전하지 않고 목도 언제 잘릴지 모르는 곳, 이런 곳에서 사는 사람들에게는 '조국'이 없다. 아니 이들은 조국이라는 단어 자체를, 행복을 뜻하기도 하는 이 단어 자체를 가지고 있지 않다."[3]

18세기의 이들 정치사상가들에게 있어서 조국에 대한 사랑은 자연스럽게 생겨나는 그런 감정이 아니었다. 그것은 좋은 법들, 아니 더 정확히 좋은 정치와 공적 삶에 대한 참여를 통해 키워지는 인위적인 감정을 의미하였다. "우리나라가 시민들 모두의 어머니처럼 느껴지고, 시민들이 나라가 제공하는 이점을 함께 즐기면서 나라에 대해 애착을 갖도록 하고, 시민들이 정치과정에 충분히 참여하여 그 속에서 마치 자기 집에 있는 것 같은 편안함을 느끼게

3. *Encyclopédie* (Neuchâtel : Bouloiseau, 1765), vol. 12, 178과 180쪽을 보시오.

끔 하고, 여러 법들이 시민들 눈에 단지 그들 모두의 자유를 위한 보호판인 것으로 보여지게 하라"고 루소는 자신의 『정치경제론』*Economie politique*[*]에서 역설했다.[4]

루소는 항상 그렇듯이 그 예리한 통찰력을 보여주면서 다음과 같이 조국을 자유, 비르투와 연결짓는다: "자유 없이 애국은 불가능하며, 비르투 없이 자유는 불가능하며, 시민들 없이 비르투는 불가능하다." 그는 자신의 베스트셀러 『에밀』, 『누벨 엘로이즈』에서도 계속해서 '뻬이' pays와 '빠트리' patrie를 구분한다. 즉 자유와 진정한 시민이 없는 곳에서는 '빠트리', 즉 조국(나라)에 대해서는 논할 수 없고 단지 '뻬이', 즉 자신이 어디에 살고 있는지만을 논할 수 있을 뿐이라는 게 그의 이야기다.[5] 조국이라는 존재

* 여기서 '정치경제'는 원래 '나라의 경영(경제)' 또는 '나라살림'을 의미하므로 '정치경영론' 또는 '위정론'으로 번역할 수도 있다. 루소의 『정치경제론』은 오늘날의 정치경제학 · 경제학과는 다른 것이다.

4. Jean-Jacques Rousseau, *Economie politique*, in *Oeuvres complètes*, ed. Bernard Gagnebin and Marcel Raymond (Paris : Gallimard, 1964), vol. 3, 258쪽을 보시오.

5. *patrie*와 *pays*의 차이에 관해서는 *Emile*, in *Oeuvres complètes*, vol. 4, 858쪽을 보시오. 거기서 루소는 "조국이 없는 이들도 최소한 그들이 살고 있는 곳은 가지고 있다"라고 말한다. 그리고 또한 *La Nouvelle Héloise*, in *Ouevres complètes*, vol. 2, 657쪽을 보시오. 거기서도 루소는 다음과 같이 말한다 : "내가

를 받쳐주는 주춧돌은 다름 아닌 시민들과 그 국가의 관계이며, 공화적 제도에 따른 시민들의 생활방식이다. 즉 "조국을 구성하는 것은 성벽이나 사람들이 아니다. 조국을 구성하는 것은 법과 관습, 구성원들의 습관, 그리고 정치방식, 또 이런 것들로부터 나오게 되는 특정한 생활방식이다. 조국은 국가와 그 구성원들 간의 관계이며, 이러한 관계가 변하거나 끊어지게 되면 국가도 그 존재를 상실하게 된다."[6]

몇 년 후 가에타노 필란지에리Gaetano Filangieri는 자신의 『입법학』에서 공화주의적 애국을 다음과 같이 요약했다 : "나라사랑이라는 성스러운 이름을 마치 조국의 땅에 대한 애착을 의미하는 것으로 함부로 오용하지 말라. 이러한 애착은 타락한 사회나 완벽한 사회를 구별하지 않고 공통적으로 나타나는 것으로서, 정치공동체가 가지는 자연적 해악들 중에서도 가장 말단의 것일 뿐이다." 그는 진정

이 작은 나라에 대해 더 친밀하게 생각할수록 나는 하나의 조국을 가지고 있다는 것이 멋진 일이라고 생각한다. 그리고 하나님은 조국(patrie)을 가지고 있다고—그리고 그곳이 실제로 그들이 살고 있는 곳(pays)이다—믿는 이들을 해악으로부터 보호하실 것이다."

6. Rousseau to Lieutenant Colonel Charles Pictet, in *Correspondance complèt de Jean-Jacques Rousseau,* ed. R. A. Leigh, 53 vols. (Geneva : Droz, 1965–1995), vol. 19, 190.

한 '나라사랑'은 만들어진(인위적인) 열정이라면서, "이것은 넘쳐흐를 수도 흔적도 없이 사라질 수도 있으며, 어떤 국민들 사이에서는 맥을 못 추지만 다른 국민들 사이에서는 왕성한 힘을 보여주기도 한다. 법과 정치의 지혜가 이것을 나타나게 하고, 확고히 자리잡게 하고, 팽창하게 하고, 왕성한 힘을 갖게 하는 반면, 그러한 지혜가 없는 경우, 그것을 약화시키고, 내쫓아버리고, 금지시키게 된다"고 기술한다.[7]

좋은 정치와 공적 삶에 대한 참여가 진정한 애국의 뿌리라는 생각은 자연스럽게 진정한 애국은 지역자치에서 싹이 트고 꽃을 피우게 된다는 생각으로 이어진다. 이렇게 지역자치가 시민적 애국의 뿌리라는 생각을 가진 최초의 사상가 중 하나는 지안도메니코 로마뇨시Giandomenico Romagnosi였다. 그에 따르면 "진정한 애국은 시정부 청사 안에서 나타난다. 진정한 그리고 확실한 애국은 그 (믿을 수 있고, 적극적이며, 실제로 존재하면서 항구적인) 원동력을 시정부 청사 안에 둔다. 나는 감히 말하건대 그것은 오직 그곳에서만 나타난다. 그리고 나는 오직 그곳에서만 시민들의 정치질서와 모든 것의 안전에 대한 보장이 존재할

7. Gaetano Filangieri, *La scienza della legislazione*, ed. Renato Bruschi (Naples : Generoso Procaccini, 1995), IV, pt. 2a, 42.

수 있음을 덧붙이고자 한다."[8] 동일한 생각이 토크빌의 『미국의 민주주의』 여러 군데에서 보여지는데, 토크빌은 자신이 뉴 잉글랜드 지역 타운들에서 직접 목도한 애국심을 다음과 같이 묘사한다 : "일반적으로 인간의 애정은 권력이 있는 곳으로 향하게 마련이다. 그래서 애국심은 정복당한 나라에는 더 이상 남아 있을 수 없다. 뉴 잉글랜드 사람들이 자신의 타운에 대해 애착하게 되는 것은 그것이 자신이 태어난 곳이기 때문이 아니라, 그 스스로가 구성원이며 또한 노고를 무릅쓰고라도 한번 운영해 볼 만한 가치가 있는 자유롭고도 힘 있는 결사체이기 때문이다."[9]

1864년, 카를로 카타네오Carlo Cattaneo는 "지역자치체들이 바로 나라다. 한 나라는 지역자치체들에서 자유를 가까이 체험하고 배우면서 커간다"라는 심오한 내용과 풍부한 표현력을 보여주는 멋진 구절을 통해 애국에 대한 오랜 공화주의적 전통을 정확히 포착해냈다.[10] 방향은 좀 달랐지만 쥬제페 마치니도 마찬가지로 공화주의적 전통

8. Giandomenico Romagnosi, "Istituzioni di civile filosofia," in *Opere*, ed. Alessandro de Giorgi (Milan : Perelli and Mariani, later Volpato, 1841–1848), vol. 3, 1548.

9. Alexis de Tocqueville, *Democracy in America*, 68.

10. Carlo Cattaneo, *Sulla legge comunale e provinciale*, in *Opere scelte*, ed. Delia Castelnuovo Frigessi (Turin : Einaudi, 1972), vol. 4, 406.

을 포착해냈는데, 그의 애국은 좀더 획일적이며 좀더 민주주의적이었다. 그는 진정한 조국은 모든 시민들에게 시민적 · 정치적 권리뿐만 아니라 일할 권리, 그리고 교육받을 권리까지 보장해야 한다는 점을 강조했다.

> 조국은 땅이 아니다. 땅은 그 토대에 불과하다. 조국은 이 토대 위에 건립한 이념이다. 그것은 사랑에 대한 사상이며, 그 땅의 자식들을 하나로 엮어내는 공동체에 대한 의식이다. 당신의 형제 중 어느 하나라도 투표권이 없어 나라 일에 자신의 의사를 전혀 반영할 수 없고, 어느 한 사람이라도 교육받은 자들 사이에서 교육받지 못한 채 고통받고 있는 한, 그리고 어느 한 사람이라도 일할 수 있고 또한 일하고자 하는데도 일자리가 없어 가난 속에서 하는 일 없이 지내야 하는 한, 당신에게 당신이 가져야만 하는 그러한 조국은 없다. 모두의, 그리고 모두를 위한 바로 그 조국을 당신은 가지고 있지 않은 것이다.[11]

마치니는 또한 조국이란 함께 사는 집 같은 곳이어서 우리는 그 안에서 우리와 비슷하고 가까운, 그래서 이해

11. Giuseppe Mazzini, *Scritti politici,* ed. Terenzio Grandi and Augusto Comba (Turin : UTET, 1972), 885.

할 수 있고 소중하게 느낄 수 있는 사람들과 함께 살아간다고 한다. 하지만 우리 조국이라는 집은 마찬가지로 소중한 다른 집들과 함께 마을을 이뤄 살아간다. 우리가 우리 집 안에 있을 때, 우리는 시민으로서의 의무를 수행해야 한다. 그리고 우리가 다른 집 안에 있을 때, 우리는 인류에 대한 우리의 의무를 준수해야 한다. 자유 편에 서는 것은, 비록 자유를 빼앗기며 압제 속에 사는 사람들이 다른 나라 사람들이라고 해도 우리 모두가 수행해야 할 최고 의무이다. 즉 인류에 대한 도덕적 의무는 우리 조국에 대한 의무에 앞선다. 우리는 어떤 특정 국가의 시민이기에 앞서 인간이다. 즉 국경이라는 것이 우리가 타인들의 고통에 도덕적으로 불감하는 데 대한 변명거리가 되어서는 안 된다는 것이다. 고통받는 사람들의 목소리는 그것이 어디서 나오든 간에 들어야만 한다. 문화의 차이가 아무리 크더라도 자유에 대한 사랑은 언어의 장벽을 초월한다.[12]

그리하여 마치니에 따르면, 인류 전체라는 대의를 위해 애국을 포기해야 할 필요는 없다. 오히려 반대로 그러한 대의를 위해서는 먼저 자신들의 나라를 먼저 건설하는 것이 효과적이다. 개인 자격으로는 우리나라에 속하지 않은 사람들을 도와줄 수 있는 게 거의 없기 때문이다. 개인

12. Ibid., 882 그리고 872.

으로서는 잘 해봤자 좋은 이웃으로서 동정의 표시나 가끔씩 선의를 베푸는 일밖에는 할 수 없으며, 어떤 공동의 작업에서 힘을 모을 수는 없다. 그래서 개인과 인류 전체 사이에는 어떤 매개체가 필요하다. 바로 나라들과 그 속에 건설된 자유공화국인 조국들이 그 매개체이다. 이들은 인류의 발전이라는 원대한 계획을 추진하기 위해 신이 부여한 수단이다. 우리는 그래서 (자유공화국인) 조국에서 우리의 과업을 시작해야 한다. 우리는 우리나라를 먼저 돕지 않고서는 인류 전체에 봉사하는 것을 꿈조차 꿀 수 없기 때문이다.[13]

필자가 지금까지 논했던 고려사항들, 그리고 인용했던 원문들—인용할 수 있는 글들은 너무나도 많다—은 공화주의적 애국과 민족주의의 차이를 명확히 하고 있다. 고전적인 정치사상가들은 이 점에서 확고하다. 즉 조국이 가지는 정치적이며 문화적인 가치는 민족이 가지는 비정치적인 가치와 확연히 다르다는 점이다. 그리하여 그들은 이 두 가지를 지칭하기 위해 서로 다른 용어인 '파트리아' patria와 '나티오' natio를 사용했다. '파트리아' 와 '나티오' 모두 개인 간에 연대를 형성한다. 하지만 키케로가 밝혔듯이 '파트리아', 즉 '레스 푸블리카' res publica에 의한 연

13. Ibid., 882.

대는 '나티오'에 의한 연대보다 훨씬 강하며 또한 고매하다.[14]

이러한 고대의 구분은 지금도 여전히 타당하다. 공화주의적 애국을 논했던 사상가들은 공화국의 정치제도들, 그리고 이에 바탕을 둔 공화주의적 생활방식이 정치적으로 가장 중요하다고 생각했다. 이에 반해 민족주의자들은 문화적 · 종족적 · 종교적 동질성을 가장 앞에 내세운다. 전자의 공화주의적 애국자들은 오직 자유공화국만이 조국이 될 수 있다고 생각했던 반면, 후자의 민족주의자들은 문화적 동질성이 보존되는 곳이면 어디에나 조국이 존재한다고 주장했다.

양자의 차이는 또한 나라사랑의 해석을 둘러싸고도 나타난다. 공화주의자들에게 있어서는, 필자가 앞에서 이미 지적하였듯이, 나라사랑이란 끊임없이 정치적 수단을 통해, 무엇보다 좋은 정치와 공적 삶에의 참여를 통해 불을 지피고 영양분을 공급해야만 버텨나가고 성장할 수 있는 하나의 인공적인 감정이다. 이에 반해 민족주의자들이 말하는 나라사랑은 생래적인 자연적 감정이며, 이러한 감정을 육성하고 강화하려면 타문화에 의한 오염과 동화로

14. Quintilian, *Institutio oratoria*, V. 10. 24–25와 Cicero, *De officiis*, I. 17. 53을 보시오.

부터 끊임없이 보호하는 것이 필요하다. 이러한 차이는 확실히 공화주의자들은 공화국을 정치적 제도로 이해하고 민족주의자들은 민족을 자연, 아니 신에 의해 만들어진 존재라고 간주하는 데에서 기인한다.

하지만 공화국이 순수하게 정치적 제도만을 의미하므로 문화적 실체로 이해되는 민족과는 완전히 구분되는 것이라고 이해한다면 이것도 잘못된 이해다. 공화국은 하나의 정치질서이며 생활방식이므로 하나의 문화이다. 마키아벨리는 공화국과 관련하여 자유로운 '생활'을 이야기했고, 다른 사상가들은 공화국을 "하나의 생활방식"이라 정의했다.[15] 그리하여 공화주의적 애국은 하나의 문화로서 의미를 가지는데, 그것은 비록 어느 지역에서 태어났다, 같은 종족에 속한다, 같은 언어를 사용한다, 또는 같은 풍습을 가지고 있다거나 같은 신(들)을 모신다는 데에 대단한 가치를 두지는 않지만, 공화주의적 평등과 어떤 독특한 문화에 대한 애정에 가치를 두는 정치적 열정이라 할 수 있다. 혹 어떤 이가 공화주의적 애국은 순수하게 정치적인 신조에 불과하기 때문에 현대 사회의 사회적 · 정치적 통합문제에 대해 적절한 대답이 못 된다고 주장한다면

15. Antonio Brucioli, *Dialogi*, ed. Aldo Landi (Naples and Chicago : Prismi–The Newberry Library, 1990), 112.

그는 완전히 번지를 잘못 짚었다. 공화주의적 애국은 결코 순수한 정치적 신조가 아니기 때문이다.

또한 '네이션' nation 개념이나 '내셔낼리티' nationality 원칙 등이 공화주의적 애국과 대립해 있다고 말한다면 이것도 틀린 이야기다.* 존 스튜어트 밀의 『논리학 체계』에 기술되어 있는 내셔낼리티 원칙을 잠시 살펴보자.

> 우리가 말하는 내셔낼리티라는 것은 다음과 같은 통속적 의미로 사용하지 않고 있다는 점은 말할 필요도 없다 : 외국인에 대한 이유 없는 적대감, 인류 전체의 행복에 대한 일관된 무관심이나 자기 나라의 이익(진정 이익이 되는지도 알 수 없는)에 대한 무분별한 앞세우기, 우리 민족의 것은 나쁜 것도 무조건 아끼기, 또는 다른 나라의 것은 좋은 것도 무조건 배척하기. 우리의 '민족이 중요하다'는 말은 동감의 원리이지 반감의 원리가 아니며, 통합의 원리이지 분열의 원리가 아니다. 또한 그것은 같은 자연적 또는 역사적 영역 안에서 같은 정부 아래에서 사는 사람들 사이에 나타나는 공동 이익의 존재감이다. 그것은 공동체의 일부가 타인들을 이방인으로 간주하지 않는 것을 의미하며,

* 네이션(nation)은 우리말에서는 민족과 국민 두 가지로 번역된다. 비롤리와 존 스튜어트 밀은 네이션을 후자인 국민으로 번역하고 있다.

또한 그 구성원들이 이러한 결속—그들 모두가 하나의 운명공동체이며, 동료 중 어느 누구에 대한 위해(危害)도 자신이 받은 위해로 느끼는—에 가치를 두고 있으며, 이기적으로 이런 결속을 끊어버림으로써 이러한 결속에서 나타나는 불편을 피하려 하지 않음을 의미한다.[16] ”

네이션에 대한 이러한 생각은 마시모 살바도리Massimo Salvadori가 설명했듯이 19세기, 20세기 공화주의적 애국의 핵심 요소 중 하나가 되었다. 그는 공화주의적 애국의 특징을 이렇게 기술했다.

“ [공화주의적 애국은] 자유가 모두를 위한, 모두의 이익이라 믿는 것 ; 함께 똑같이 참여하는 데서 나타나는 제도에 대한 애착이며 충성심 ; 공화국의 시민이 되는 요건으로 개인에 대한 존중과 집단에 대한 존중 모두를 규정하는, 즉 내부적으로 경쟁적이긴 하나 꼭 상호 파괴적이진 않은 다원성을 실천하고 지키도록 하는 권리체계 ; 공동의 계약에서 기원하며, 통치자와 피치자, 국가와 시민사회 간의 관계를 명확히 하기 위해

16. John Stuart Mill, *A System of Logic, Ratiocinative and Inductive* (1843), VI. 10. 5.

확립된 규범을 빈틈 없이 지킬 것을 요구하는 정치 시스템 ; 비르투의 이름으로 권력과 습속(習俗)의 타락에 맞서 싸울 것을 요구하는 나라사랑이 북돋우는 시민적 양심 ; 비밀주의arcana imperii를 배격하면서 공개된 장에서 모든 사람들이 보는 앞에서 이루어지는 정치방식 ; 사적 충성을 넘어서 공적 제도에 충성할 것을 요구하는 공공 윤리 ; 조국을 물리적 공간이 아니라 하나의 이상으로 생각하는 정신, 따라서 영토라는 것을 인류의 보편적 가치실현에 필요한 공간으로 생각하는 하나의 정신 등으로 특징지워진다.[17] ”

아마도 가장 정확한 공화주의적 애국의 의미는 1944년 지아코모 울리비Giacomo Ulivi가 19세 나이로 파시스트 암살단에 의해 붙잡혀 총살당하기 전에 작성한 편지 중 하나에서 가장 정확히 나타나는데, 그 글은 수사적 표현이 전혀 없이 담백해서 더욱 마음에 와닿는다.

“ "공공선"이란 다름 아닌 우리 자신들이다. 그것과 우리를 묶는 것은 "애국"이니 "우리를 낳고 고통과 눈물 속에서 보살펴 주신 어머니에 대한 사랑"이니 하는 그런 거창하기만 하고 내용이 없는 상투어가 아니다.

17. M. L. Salvadori, "La tradizione repubblicana nell'Italia dell'800 e del 900," in *Libertà politica e virtù civile,* ed. Viroli.

> (중략) 생각해 보면 우리 자신들의 이익이라는 것과 '공공선'이라는 것은 간단히 말하자면 결국 같은 것이다. 바로 이러한 이유 때문에 우리는 공공선을 내 것처럼 아껴야 하고, 그리고 그것을 가장 사랑스럽고 중요한 일로 생각해야 한다. 왜냐하면 모든 다른 일들이, 그리고 이 일들의 성사를 위한 조건들이 바로 이 하나에 달려 있기 때문이다.[18] ”

따라서 공화주의적 애국은 종족적 민족주의ethnic nationalism나 시민적 국민주의civic nationalism와 다르다. 종족적 민족주의와 달리 공화주의적 애국은 한 인민의 일체성과 종족적 단일성에 어떠한 정치적 · 도덕적 가치를 인정하지 않는 대신 어떤 형태로도 종족중심주의와는 양립할 수 없는 시민적 연대, 시민적 일체성에 도덕적 · 정치적 가치를 부여한다. 그리고 공화주의적 애국은 시민적 국민주의와 달리 문화, 역사와 무관한 중립적 정치원리들에 충성하는 것이 아니라, 자신의 역사와 문화를 가진 특정 공화국의 법, 정치체제, 생활방식에 충성한다.

시민의 비르투와 공화국의 시민적 문화라는 꽃은 문화적 · 종족적 · 종교적 동질성이라는 가지에서 피어나는

18. Giacomo Ulivi, in *Lettere della Resistenza europea*, ed. Giovanni Pirelli (Turin : Einaudi, 1969), 229.

것이 아니다. 자신들이 문화, 종족, 종교적으로 동질성이 강하다고 자랑하는 일군의 사람들이 있다면, 이들은 대개 시민적 의식 대신 불관용성과 교조성이라는 특징을 강하게 보일 것이다. 오직 진정으로 공화주의적인 정치만이 문화적이거나 종족적 동질성의 도움 없이 현대 민주주의 사회에 시민적 문화를 다시 태어나게 할 수 있다.

또한 시민적 비르투는 꼭 종교의 도움이 필요한 것은 아니다. 고전적 공화주의자들의 경우엔 종교의 필요성이 강조되었는데, 예컨대 마키아벨리는 "겸허, 비굴, 그리고 인간사에 대한 경멸"을 너무 강조하고 있으며, "강하게 나가는 것보다 참고 견디는 것이 더 강한 것"이라고 가르쳐온 것에 대해, 그래서 결과적으로 "세상을 나약하게 만들어 버려" "범죄자"들의 쉬운 먹이감이 되도록 한 점에 대해 기독교 교회를 비난하긴 했지만 그럼에도 그는 종교가, 특히 신에 대한 두려움이 "군대를 통솔하고, 민중을 움직이고, 사람들을 착하게 하고, 사악한 자들에게 부끄러움을 가르치는 데" 꼭 필요한 요소라고 믿었다. 그는 심지어 신에 대한 숭배와 두려움은 특히 공화국에 필수적인 요소라고 기술하기도 했다. 그는 "신을 숭배하는 의식(儀式)은 많은 공화국들이 위대해지게 된 원인이었다. 또 그런 만큼 그것에 대한 무시는 몰락의 원인이었다. 신에 대한 두려움이 사라진 나라는 몰락하거나 종교 대신 군주에 대한

두려움에 의해 유지되거나 둘 중 하나"라고 지적했다.[19]

3세기가 지난 후 근대 최초의 위대한 공화국의 제도와 습속들을 분석하면서 토크빌은 미국의 명확한 정교분리(政敎分離)를 칭찬하면서도 미국 사회의 최고 장점은 모든 시민들이 올바른 종교를 가지고 있다는 점이 아니라, 모든 시민들이 어떤 종교이든지 간에 뭔가 종교를 가지고 있다는 점에 있다고 기술했다. 그에 따르면, 종교가 사람들에게 큰 힘을 가지고 있는 미국은 지구상에서 "가장 계몽되고 자유로운" 나라라고 말했다. 종교가 필요한 이유는 바로 정치적 자유 자체에 있다. 토크빌은 다음과 같이 말한다 : "나는 인간이 종교로부터의 해방과 정치적 자유를 동시에 가질 수 있을지에 대해 회의적이다. 나는 종교로부터 해방되어 있는 사람은 정치적으로 눌러줘야 하고, 정치적으로 자유로운 사람은 종교적으로 눌러줘야 한다고 생각할 수밖에 없다."[20]

서로 다른 두 명의 사상가인 마키아벨리와 토크빌은 다른 경로를 따라 동일한 결론에 도달했다. 즉 공화국들은 특히나 종교가 필요한데, 종교는 시민들의 도덕생활을 지도하고, 또한 시민들에게 의무감을 불어넣어 법을 존중

19. Machiavelli, *Discourses*, II. 2 그리고 I. 11.

20. Tocqueville, *Democracy in America*, 290－301쪽과 444쪽을 보시오.

하고 시민적 의무를 다하도록 만들기 때문이다. 마키아벨리는 중요한 진리 하나를 집어내는데, 종교적 믿음과 신에 대한 두려움은 개인들의 마음 속 깊이 파고들어 그들의 행동을 지도하는 데 비해, 상벌을 활용하는 국가권력과 법은 행동의 동기에는 거의 영향을 미치지 못하며, 오직 행위의 외관만을 규율할 뿐이어서 마음 속 깊은 곳 까지 들어갈 수는 없다는 것이다. 따라서 내적 동기를 자극하여 행동으로 옮겨지도록 할 어떤 다른 힘이 없는 경우, 우리는 종교의 필요성을 받아들일 수밖에 없다는 것이다.

하지만 그런 힘은 존재한다. 애국이 그것이다. 토크빌은 애국심은 "결코 사람의 마음에서 떠나지 않으며, 법을 통해 사람의 생각, 열정, 일상적 습관과 연결된 지속적이고 의식적인 느낌이 될 수 있다고 기술했다. 그렇다면 애국(심)은 종교와 마찬가지로 사람의 마음 속에 깊이 들어가서 지속적으로 동기를 부여하여 행동을 이끌어낼 힘이 있는 것이다. 토크빌에 따르면, "애국(심)과 종교는 모든 시민들이 동일한 목표를 향해 부단히 나아가도록 만들 수 있는, 이 세상에 존재하는 단 두 개의 것이다."[21]

자, 그렇다면 하나의 공화국이 종교, 특히 그리스도교와 공화주의적 애국 두 가지 모두에 의해 동시에 받쳐질

21. Ibid., 94.

수 있다면 얼마나 좋겠는가? 하지만 이러한 완벽한 상태를 기대하기는 어렵다. 왜냐하면 애국적이면서도 종교적인 시민들로 이루어진 공화국은 그리 관용적인(똘레랑스를 가진) 공화국이 못 될 것 같기 때문이다. 내 생각엔 균형 감각 및 건강한 수준의 아이러니와 회의(懷疑)를 곁들인 시민적 애국이면 충분하고도 남을 것 같다. 이런 종류의 애국이 이미 존재하는 곳에서는 종교심이 보이지 않더라도 그리 걱정할 필요가 없다. 그런 종교심의 문제는 국가가 관심 두어서는 안 될 일이며, 오직 정신적 수단을 통해 추구되어야 하며 전적으로 종교인들에게 맡겨져야 할 일인 것이다. 어쨌거나 확실한 것은 어떤 공화국이든지 최소한 애국이나 종교 중 하나는 있어야 한다는 점이다. 또한 이러한 것들 없이 사적 이익이나 자유에 대한 보편적 원리들에 대한 애정만으로 시민적 의무감이 고양될 수 있다고 기대하는 것도 불가능하다. 사적 이익으로는 어느 누구도 공공선을 추구하도록 만들 수 없을 것이고, 보편적 원리로는 이성의 지지야 확보할 수 있다지만 동기를 부여하여 행동으로까지 이끌어내기에 역부족일 것이다. 이제 우리는 한 가지만을 선택해야 하는데, 나는 가장 지혜로운 선택은 시민적 · 공화주의적 애국이라고 믿는다.

종교가 주는 확신 없이는 자유롭게 살아가는 것이 불가능하다는 토크빌의 관점에 대해 우리는 정치적 자유에는 종교적 믿음이 주는 확신보다는 세속적 영혼에 유익한 회의감(懷疑感)이 더 필요하다고 말할 수 있을 것 같다. 정치적 자유가 유지되기 위해서는 정치적·도덕적 가치들에 대해 강한 관점을 가지고는 있지만, 이러한 가치들이 절대적 진리가 아니라 많은 선택거리들 중 괜찮은 것에 불과하다고 믿으며 이 믿음에 맞춰 실천하는 사람들이 필요하다. 공화주의적 윤리는 개인의 사적인 삶, 그리고 그 명상 및 사유에서만큼이나 공적인 삶, 그리고 시민적 삶을 건설하고 유지하는 노력에서도 의미와 아름다움을 발견해낸다. 공화주의적 윤리는 개인과 시민, 즉 사인(私人)과 공민(公民)을 구분할 것이며, 사적인 삶과 공적인 삶, 그리고 내면적 삶(사유)과 행동적 삶(행동)을 별개의 것으로 다룰 것이다. 공화주의적 윤리는 우리의 삶을 이루는 여러 차원들이 서로 부족한 것을 메워주는 관계에 있다고 본다. 또한 그것은 개인들의 삶이 죽음과 함께 끝나지 않을 의미있는 것, 즉 우리가 죽은 후에도 다른 사람들의 기억 속에 살아남는 행동과 말의 방식이 되도록 그 길을 제시한다.

따라서 공화주의적 윤리는 종교적 신념과도 공존할 수 있지만, 정치적 자유가 보장하고 요구하는 무거운 도덕적 선택 앞에서는 종교적 신념을 필요로 하지 않는다. 공화주의적 윤리는 엄중하게 세속적일 수 있고 또한 그래야만 한다. 현대가 세속적이라는 것은 종교적 교의들과 이러한 교의들을 위한 제도들을 모든 공동체 활동에서 배제하겠다는 뜻이 아니다. 세속주의는 무엇보다 신앙고백과 정교일치, 즉 한 국가의 정치제도와 법들은 모든 사람들에게—믿는 자와 믿지 않는 자를 불문하고—국교의 종교원리를 강요할 수 있다는 주의주장에 강력히 반대한다. 둘째로, 세속주의는 사제주의, 즉 사회적이거나 정치적 문제에 대해 시민들이 일상적으로 교회와 그 사제들의 지시에 의존하는 것(불행히도 이탈리아 정치에서는 흔한 일이다)에 반대한다. 또한 세속주의는 사회적 문제들에 대한 모든 단순하고 획일적인 해법들과 교조주의를 일반적으로 미워하는 문화와 시민적 삶을 지지한다. 이러한 점은 근래의 유럽 역사에서 잘 나타나고 있는데, 세속적인 정치운동과 정당들은 전체주의적 공산주의를 의미심장하게도 "또 하나의 교회"라고 비난하면서 적대시해 왔던 것이다.

이렇게 교조주의의 확신을 거부하기 때문에 세속적 정치와 공화국들은 그 대신 기억과 기념이 무척이나 필요하다. 기억은 시민적 비르투를 키우는 강력한 수단이다. 교회와 국가의 분리를 강력히 지키고 있는 민주공화국들—예컨대 미국과 프랑스—은 자국 역사를 기념하는데 특히나 관심을 쏟는 나라들이기도 하다. 우리는 한때 독재에 대한 항거 또는 자유를 향한 투쟁의 역사를 기념함으로써, 우리가 모두 함께 고통받았던 역사의 한 페이지를 회고함으로써, 그리고 우리가 열사들과 공화국에 몸 바쳤던 사람들, 그리고 통일을 이루어낸 사람들을 이야기함으로써 이러한 이야기를 듣는 모든 이들의 가슴 깊이 자신들도 그러한 업적을 만들어야 한다는 도덕적 의무감을 일깨울 수 있다. 과거는 새로운 세대들의 시민교육에 좋은 재료가 될 수 있다.

어떤 사람들은 이러한 기념행위들, 특히 공화국의 기념행위들이 시장의 세계화와 폭증해 가는 과학적 지식의 이 시대에는 더 이상 가치가 없는 케케묵은 애국주의의 표현이며 지나간 시대의 잔재일 뿐이라고 생각할 수도 있다. 하지만 자기들의 역사에 의미와 가치, 그리고 아름다움을 부여할 수 없는 하나의 국민이 시민적 · 공화주의적 문화에 꼭 필요한 전제조건인 자긍심을 가지기는 어려울 것이다. 자긍심이 없는 사람이 쉽게 비굴해지거나 아니면 교만해지는 것처럼 자기 나라에 대한 긍지가 없는 국민은 평소 비굴해 있다가 자신보다 약한 자들 앞에서는 쉽사리 포악한 압제자로 돌변하게 된다. 우리에게 필요한 것은 조국과 조상들의 위대함에 대해 측은하게도 비겁한 거짓말로 잔뜩 치장한 유치찬란한 국민적 자부심이 아니다. 그러한 국가적 교만방자는 자신들이 어린아이처럼 다뤄지는 것을 거부하는 모든 사람들에 대한 모욕이다. 우리는 우리나라 역사의 이야기들 속에서 비록 짧았고 군사적으로 패배하여 사라졌던 것이라도 그런 자유의 소중한 경험들을 다시 발견해낼 필요가 있다. 이탈리아 사람들에게는 1849년의 로마 공화국과 1799년의 나폴리 공화국의 경험이 있다. 이러한 경험들을 기억함으로써 우리는 자랑스런 역사를 물려받았다는 느낌과 함께 우리나라를 진정한 시민공동체로 만들어야겠다는 어떤 도덕적 의무감을 부여받게 되는 것이다.

우리의 역사에 의미와 가치를 부여하기 위해 우리는 그 역사를 이해해야 하고, 느껴야 하고, 거듭 생각해 봐야 한다. 정확한 단어들과 적절한 톤으로 기념하기 위해 우리는 공화국의 이상이 무엇인지, 그리고 이러한 이상이 그 실현을 위해 온몸을 바쳐 헌신했던 사람들에게 무엇을 의미했는지를 이해해야만 한다. 문제는 오늘날 지성계와 정치를 지배하고 있는 세력들이 공화주의적 경험과 관련된 역사적 기억들, 신화들, 그리고 그 순교자들에 대해 거의 모르거나 아니면 교만과 경멸감을 갖고 바라보고 있다는 점이다. 우리의 공화주의에 대한 기억이 그 마지막 남은 힘을 놓치게 된다면 이러한 문화적 · 도덕적 유산은 몇 년이 채 가지 않아 매장되고 망각될 것이며, 이와 함께 우리는 시민적 의식을 다시 틔우는 데 필요한 가장 소중한 재료 중 하나를 잃게 될 것이다. 예컨대 이탈리아의 공화주의자들은 로마 공화국을 기억하는 오랜 전통을 지켜왔다는 점에 대해 자부심을 가질 수 있다. 공화주의자가 아닌 사람들조차도 이러한 점을 무시해서는 안 되며, 오히려 공화주의자들에게 고마워해야 한다.

나는 공화주의가 종교적 계시나 역사 또는 지도자에 대한 교조적인 숭배 없이도 시민적 열정을 되살릴 수 있거나 다시 만들어낼 수 있는 역사적 · 도덕적 재료들을 가지고 있다고 믿는다. 우리는 공화주의적 정치와 문화를 어떤 방식으로서든 강화해야 하며, 그렇지 않은 경우 교활하고 오만한 자들에 의해 조종되는 정부가 있는 그런 나라 안에서 체념한 채 살아가야만 할 것이다.

새로운 세기가 막 동트고 있는 지금, 아무래도 내가 지금껏 응원해 온 그런 열린 마음의 정치적 · 세속적인 세력들에게 도덕적 · 정치적 쇠퇴가 나타나고 있지는 않은가라는 걱정이 든다. "교회와 종교는 시민들의 공동체 생활에 필요한 여러 가치들을 보관하고 있는 유일무이한 존재"라고 지안 엔리코 루스코니Gian Enrico Rusconi는 쓴 적이 있다. 텔레비전을 통해 가톨릭 교회의 수장이 세계 최고 지도자인 미합중국 대통령과 어깨를 나란히 하면서 사회적 불의, 사형제도, 인종주의에 대해 비판의 목소리를 높이는 것을 들을 때, 사람들에게 교황은 선한 가치들의 기수처럼 보이고 빌 클린턴은 이젠 더 이상 어떤 이상(理想)으로서의 힘을 가지고 있지 못한 정치판의 상징으로 보일 것은 쉽게 짐작할 수 있다.

개신교 및 가톨릭 교회, 유태교회, 그리고 이슬람의 모스크가 인간의 존엄성, 자유 그리고 사회정의의 수호자이며, 세속적인 세력들은 권력에만 관심이 있고 현실적으로만 권력을 지니고 있을 뿐이라는 믿음이 이제는 꽤나 자리를 잡았다. 교회들은 삶의 가치와 의미에 대해 설득력 있게 토론을 진행하고 있으며, 실제로 사람들 간의 연대를 도모하고 자원봉사 활동을 조직해내고 있다. 반면, 세속적 세력들은 시장의 법칙, 글로벌 경제, 하나의 유럽, 또는 투표자들이 흥미도 보이지 않는 선거제도 개혁 같은 것만을 이야기하고 있을 뿐이다. 일들이 계속 이렇게 돌아간다면 세속 정치는 더 이상 미래가 없을 것이다. 왜냐하면 어떤 세력이든지—종교권력을 포함해서—자신의 가치를 확립하고 자신이 도덕적 지도자라고 확신시킬 수 있어야 정치적 지도자로서의 미래를 마땅히 기대할 수 있는 것이다. 이렇게 된 연후에 이러한 세력은 자신의 경쟁자들에게 협상의 조건을 자신의 구미에 맞게 제시할 수 있게 된다.

그럼에도 나는 세속적인 문화와 정치의 부활이 여전히 가능하다고 믿으며, 세속 정치가 다시 한 번 주도적 역할을 할 수 있으리라 믿는다. 하지만 이러한 가능성은 오직 세속 정치가 강력한 도덕적 이상에 의해 추동되고 사회정의의 필요에 대해 강한 요구를 할 수 있어야 한다는 전제가 요구된다. 세속 정치는 무엇보다 말과 행동 사이의 일관성이라는 원칙을 지켜야 한다. 노르베르토 보비오 Norberto Bobbio가 제2차 세계대전 이후 몇 년간 지적해 왔듯이 세속의 원칙은 "일관성이며, 그 실천규범은 진실됨" 이다.[22] 광신자의 믿음이나 협상가의 도덕적 냉소에 의존해 정치에 참가하는 사람들은 이른바 '예수회적 둘러대기' 식 언행을 참아낼 수 있을 것이며, 실제로 이를 받아들이고 적극적으로 추구할 것이다. 하지만 정당한 이상과 이익들을 확립시키고자 정치에 관심을 갖는 일반시민들은 이를 용인할 수 없다. 이러한 시민들은 정치가 기술적으로만 되고 부패하게 되면 정치로부터 멀어지게 된다.

오늘날 공화국 정치가 직면하고 있는 가장 심각한 문제는 여전히 시민적 애국을 어떻게 다시 꽃피우고 시민들 사이에 두루 퍼뜨리는가라는 문제다. 사람들의 문화적·도덕적·종교적 일체성이라는 것은 자유의 원리와 함께할 수 없는 것일 뿐만 아니라, 오히려 해로운 것이기 때문에 결국 남는 것은 과거 수많은 정치사상가들이 끊임없이

22. Norberto Bobbio, "Politica laica," in *Tra due repubbliche* (Rome : Donzelli, 1996), 37.

제시해 왔던 바로 기본적인 정책들뿐이다. 여기서 가장 중요한 요소는 무엇보다 정의다. 시민들이 자기 공화국과 그 법을 사랑하도록 하고자 한다면 공화국과 그 법은 힘센 자들에게 특권적 지위를 부여하거나 약한 자들을 차별하지 않으면서 모든 사람들을 똑같이 보호해야 할 것이다. 공화국은 언제나 법에 의거해서만 처벌할 수 있다. 즉 공화국은 처벌에 있어서 법의 심판대에 선 사람들의 권리와 법률상의 규정들을 충분히 존중해야 한다. 또한 공화국은 큰 범죄나 작은 범죄나 똑같이 철저하게 처벌해야 한다. 공화국은 힘센 자들이나 약한 자들이나 자신들보다 약한 자들을 괴롭히는 범죄행위를 똑같이 처벌해야 한다.

법의 지배에 대한 절대적 존중 원칙은 관리들이나 정치가들에게도 예외 없이 적용되어야 하는데, 특히 이들이 깃발이나 제복의 보호 아래 인권과 공공선을 무참히 짓밟는 범죄를 저질렀을 때, 또는 이들이 무력(또는 공권력)을 동원하여 자유에 대한 탄압을 시도했을 때는 그러한 원칙이 더욱 철저히 적용되어야 한다. 우리는 당연히도 법에 따라 이런 사람들을 처벌하고, 그들의 행위를 기억하며, 또한 다른 사람들에게도 기억하도록 만드는 대신 이들에게 '용서와 화해를 베풀고 새 출발할 수 있는 기회를 주는' 경향들을 너무나도 자주 봐왔다. 우리들에게 '이제 용서하고 잊자' 고 하는 사람들은 이들을 제대로 처벌하는 것은 원래가 불가능하다—이들 범법자들이 수가 너무 많고 또 너무 힘이 세기 때문에—고 주장하거나, 이들을 용서하는 것이 좀더 고매한 방법이라고 주장하거나, 또는 우리가 어차피 하나의 국민으로 더불어 살아야 하지 않겠냐고 주장한다.

하지만 공화주의의 지혜는 시민적 생활질서와 법이 존중되는 정치질서를 유지하기 위해서는 심각한 범죄를 저지른 자들이 중요한 사람들이고, 유명인사이며, 권세를 가진 사람들인 경우, 가장 엄격하게 처벌되어야 한다고 우리들에게 가르쳐 준다. 마키아벨리는 이런 처벌을 "뇌리에 박히는 처벌"이라 이름붙였는데, 그는 "이러한 처벌은 사람들로 하여금 나라를 건설할 때의 초심(初心)으로 돌아가도록 하며, 이런 '뇌리에 박히는 처벌'이 줄어들게 되면 이제 시민들의 기강이 좀먹게 된다"고 기술했다. 마키아벨리에 따르면, '뇌리에 박히는 처벌'은 최소한 10년에 한번은 있어야 하는데, "왜냐하면 10년이 지나면 사람들의 습관이 변질되게 되며, 사람들이 법을 위반하기 시작하기 때문이다. 그리고 만약 사람들을 초심으로 되돌리고 두려움의 감정을 다시 갖도록 하는 이러한 시범 케이스를 통해 '뇌리에 박히는 처벌'을 보여줄 수 없게 되면 머지않아 너무나 많은 위법이 횡횡하게 되어 더 이상 이들을 처벌하는 것이 오히려 정치적으로 위험하게 되는 사태에 이르게 될 것이다."[23]

공화국의 정치는 그것이 아무리 극악한 범죄행위라 해도 그것에 대해 복수를 요구하지도 않으며', 그러한 복수를 정당한 것으로 생각하지도 않는다. 때때로 복수는 자신의 가족들을 가스실로 보내 죽도록 한 의사를 자신의 손으로 살해한 어떤 죽음의 수용소 생존자의 경우처럼 어떤 갈증 같은 것을 해소하는 경우도 있다. 이 생존자에게 누가 당신이 그 의사를 죽였다고 해서 죽었던 가족들이 살아나진 않았다고 지적하자 그는 이러한 복수를 통해 "나 자신이 살아났다"고 말했다고 한다.[24] 하지만 복수는 결코 상처를 치유하지 않으며, 정신적 상흔을 지울 수도 없다. 복수는 오직 복수에 복수를 거듭하는 악순환을 가져올 뿐이다.

하지만 사법권한의 한계를 충분히 존중하면서 공공기관이나 국제기구에 의해 이루어지는 범죄자에 대한 처벌의 경우엔 문제가 다르다. 이러한 공적 처벌은 모든 사람들이 똑같이 존엄하다는 원칙을 받들어야 하며, 따라서 집단범죄나 개별범죄의 희생자는 범죄자보다 가치가 적

23. Machiavelli, *Discourses*, III. 1.

24. Martha Minow, *Between Vengeance and Forgiveness : Facing History after Genocide and Mass Violence* (Boston : Beacon Press, 1998), 11쪽 이하를 보시오.

다는 잘못된 메시지를 교정해야 한다. 우리는 범죄자들에게 공적 패배를 안겨줌으로써 희생자의 인간적 가치를 다시 확립해야 한다.

범죄에 대한 공적인 용서가 사면이나 '봐주기'가 되는 경우, 이는 사적 복수와 마찬가지로, 하지만 정반대의 이유로 해서 공화국을 훼손하게 된다. 희생자가 용서해 줄 수는 있다. 하지만 그렇다고 해서 정의와 처벌에 대한 사법적 요청이 없어질 수는 없다. 국가가 범죄자를 용서할 권리가 자기에게 있다고 감히 주장하면서 사면을 선언하고 다니게 되는 경우, 국가는 '쉽게 잊어버리기'를 제도화하게 되며, '이젠 잊고 미래로 나아가자'는 요청을 위해 정의의 요청을 저버리게 된다. 따라서 공적인 사면과 '봐주기'는 진정한 용서—희생자만이 진정한 용서를 베풀 수 있다—가 아니며, 이미 저질러진 잘못을 공동체 차원에서 못 본 체하는 것과 같다. 나는 공적인 용서를 도덕적인 가치를 지닌 사랑의 행위라고 생각하지 않는다. 이와 반대로 희생자가 용서하는 것은 엄청난 가치를 지닌 것이라 생각한다. 진정한 사랑, 공공선에 대한 그리고 모든 시민들의 자유와 존엄성에 대한 사랑은 법을 엄격하게 지키는 것으로 나타난다.

사법적 처벌의 지도원리가 되는 정의와 평등의 요청은 또한 공적인 포상과 서훈의 분배에도 적용되어야 한다. 이 문제에 대한 가장 명쾌하고 멋진 표현을 마키아벨리가 했던 적이 있었는데, 그에 따르면 "자유국가는 서훈과 포상을 정직하고 확실한 명분을 위해서만 나눠주게 되며, 이러한 명분 밖에서는 결코 상을 주거나 공적 서훈을 수여하는 경우가 없다." 그가 강조하고자 한 것은 공화국이 자신의 원칙에 충실하기 위해서는 오직 공공선을 지키기 위해 만들어진 규범에 따라 상과 서훈을 나눠주어야 한다는 점이다. 따라서 부(富)나 친분, 또는 같은 당파에 소속되었다는 이유로 공적 서훈을 수여하거나, 명예로운 공직이나 직업을 가질 수 있도록 해서는 안 되며, 오직 업적과 공공선을 잘 수행할 수 있는 능력만이 참고되어야 한다.

공공선에 봉사하려는 의욕과 능력을 가지고 있는 사람들에 대해 정당한 대가를 지불하는 공화주의 정치는 수준 높은 통치 엘리트 집단을 생산하고 재생산하게 될 것이며, 따라서 이러한 엘리트 집단은 다른 사람들의 시샘이나 분개를 자아내지 않게 되므로(타락한 소수는 여전히 시샘하고 분개할지 몰라도) 이 나라에는 아름다운 사회적 위계가 구축될 것이며, 올바른 방향으로 서로 앞서려 노력하는 건강한 경쟁 분위기가 진작될 것이다. 이와 달리 오늘날의 많은 나라들이 보여주고 있는 포상과 명예수여 정책을 보면, 그 대부분이 자기편에 대한 수혜 정책—즉 특정인이나 특정 정파에 대한 충성심의 정도에 따라 일자리, 이익, 특권을 나눠주기—임을 보게 된다. 이러한 자기편 수혜 정책은 타락하고 함량 미달의 엘리트를 만들어내며, 공화국의 도덕적 영혼을 훼손하게 되며, 건강하지 못한 경쟁을 부추기게 된다. 몇 년 전 밀라노 법원은 롬바르디아 지역 병원들의 직원 채용시 어느 정당을 지지하는가를 기준으로 일자리를 나눠준 혐의로 기소된 몇몇 정치가들을 무죄방면한 적이 있었는데, 이러한 법원의 결정은 이탈리아 공화주의 정치에 엄청난 해악을 가져다 주었다. 이러한 평결은 우리들에게 시민적 양심에 특히나 해로운 다음 두 가지 점을 가르쳤다. 즉 권력자에게 머리를 숙이면 일자리를 가질 수 있다는 것과, 능력 있는 사람 대신 자기편 사람에 혜택을 주는 것은 결코 불법이 아니라는 점이다.

시민적 애국은 이렇듯 정의에 의해 진작될 수 있을 뿐만 아니라, 공동체의 자치(自治)과정에 대한 적극적 참여에 의해서도 또한 진작될 수 있다. 공화주의 정치저작들에서 계속해서 강조되고 있듯이 공동체의 자치과정에 참가하고, 토론회에 참석하고, 공공회의체에서 자신의 의견을 피력하고, 대표를 선출하고, 이들 대표들이 일하는 것을 감시하는 시민들은 공공선이 남의 것이 아니라 자기 자신들의 것이라고 느끼게 되며, 따라서 공공선에 대해 마치 자신의 소유물에 대해 느끼는 것과 같은 그런 애착을 가지게 된다.

물론, 공화국의 제도들은 공적인 것이어서 어느 개인이나 집단에 독점적으로 속해 있는 것이 아니다. 이러한 제도들이 사적으로 운영되면 우리는 이 공화국이 부패했다고 말하거나, 또는 고전적인 표현을 사용해서 이 공화국이 더 이상 '레스 푸블리카' res publica가 아니라고 말한다. 또한 공화국의 제도들은 공적인 것이어서 우리만의 소유물에 대해 느끼는 그런 관심을 불러일으키지 않는다. 하지만 공적 참여에 의해 이러한 상태가 수정될 수 있는데, 공적 참여는 공화국이 좀더 가까워지게 만들며, 사람들에게 공화국이 자신들의 것이며 소중한 것이라는 느낌을 갖게 한다.

시민들이 참여를 진지하게 여기는 경우는, 토크빌이 뉴 잉글랜드 지방의 타운미팅과 관련해서 언급한 것처럼 오직 시민들 자신들이 노력을 통해 뭔가 변화를 만들어낼 기회가 있을 때, 그리고 논의되고 있는 문제가 자신들의 이익에 직접적으로 영향을 미칠 때뿐이다. 따라서 우리가 정치적 참여와 시민적 정신을 부활시키고자 한다면 우리는 도시들과 읍면에 공동의 삶에 중요한 영향을 미치는 결정권을 부여해야 할 것이다. 지방자치가 더 큰 힘을 가지게 될수록 자신들의 이익에 관심을 가지고 있으면서 자신을 드러내고 찬사도 받고 싶어하며, 또한 영향력과 권위를 행사하고 싶어하는 그런 시민들을 지방자치에 관심을 갖도록 유인할 수 있게 된다. 혹자는 이러한 시민들을 나쁘게 생각할 수 있다. 하지만 그런 생각은 잘못이다. 최선의 공화주의 정치는 정확히 말해서 좋은 의미에서 개인적 이익도 만족시키고, 또한 자기 자신을 드러내고 싶어하는 야심도 만족시키려는 정치다.

사람들이 시민됨을 배우게 되는 것은 조합회의에 가거나, 스포츠 클럽에 가입하거나, 시의회가 개최한 공청회에 가거나, 교회활동에 참가하거나 또는 정당에 당원이 되는 것을 통해서이다. 이러한 활동들은 문화적으로 밀도 있고 의미가 있는 특정 장소와 특정 환경 속에서 이루어진다. 따라서 시민됨의 내용은 여러 가지 서로 다른 색깔을 가지고 서로 다른 기억들에 의해 키워지며, 서로 다른 예언자들의 말을 따르며, 무엇보다 서로 다른 문화집단의 역사적 경험에서 나온 서로 다른 의식(儀式)에 의해 다양한 형태로 유지된다. 따라서 이러한 점을 고려하건대 우리가 목표로 삼아야 하는 동질성은 여러 하위문화들 위에 부과된 보편적 정치원리에 의해서나 공통의 정치체제 틀 내에 개별문화들을 분산시키는 것에 의해서나, 또는 서로 다른 집단들을 문화적으로 동질화시켜내는 것에 의해서가 아니라, 서로 다른 집단들 내부에 다양한 시민적인 전통들을 진작시키는 시민문화의 동질성이다.

자유의 범위를 확장하고 시민의 역할을 고양시키고자 하는 정치는 모든 시민들이 존중받는 삶을 누릴 수 있도록 권리를 보장하는 사회정의의 정치여야 하며, 풍부하면서도 다양한 사회적 연대의 네트워크—조합, 문화클럽, 종교모임, 환경그룹, 스포츠 클럽, 지역단체, 동네모임 등—를 강화하는 시민사회의 정치여야 한다. 이러한 것들은 많을수록 좋다. 오직 가정과 일에만 갇혀 지내는 고립된 개인들은 민족주의 선동가나 종교 선동가들에 현혹되는 경향이 있다.

오늘날 민주적인 제도들은 심각한 병을 앓고 있는데, 그 병은 공동체에 대한 관심과 애정, 열정의 상실이라는 이름의 병인데, 모든 민주국가들이 정도의 차이는 있으나 하나같이 이 병을 앓고 있다. 미국 학자들은 시민적 참여의 붕괴를 이야기하고 있고, 유럽 정치학자들은 열정을 잃은 유럽을 이야기하고 있다. 열정 또는 공동체에 대한 관심과 애정은 이제 민주주의 진영을 떠나 민족주의와 종교 진영의 민중선동가들을 따라가 버린 것처럼 보인다. 이러한 상황에서 공화주의는 민주주의적이며 다문화적인 나라들 속에서 "자유"와 "책임"이라는 두 단어를 다시 연결하는 시민적 습속, 시민적 문화를 자신의 새로운 정치적 비전으로 제시해야 한다. 이것을 달성하기 위해서 공화주의는 자신의 독자적인 지적 · 정치적 내용을 유지해야 하며, 언제나 기초가 되는 자신의 원칙들에 충실해야 할 것이다.

참고문헌

엄밀히 말해 아리스토텔레스가 비록 공화주의 저술가는 아니지만 고전문헌들 중에서 아리스토텔레스의 『정치학』은 특별히 언급할 가치가 있다. 왜냐하면 그것은 일반적인 의미에서 그것이 공공선과 법치에 기반하는 한에서 정당한 정치적 구성, 정치체로 이해되는 '폴리테이아' politeia의 개념을 담고 있기 때문이다(나중에 이 '폴리테이아' 개념에서 로마의 '레스 푸블리카' res publica의 이념이 나오게 되었다). 정부형태들에 관한 이론에서 특히 정부의 순환과 혼합정에 관한 기본 텍스트는 폴리비우스Polybius의 『역사』*Histories* 제6권이다. 다른 기본 텍스트는 『플루타르크 열전(영웅전)』*Plutarch's Lives*에 제시된 공화주의적 덕목의 수많은 사례들이다.

공화주의

'레스 푸블리카' res publica에 대한 고대 이론은 로마의 정치 저술가들과 역사가들이 '레스 푸블리카'가 단지 기억 외에 아무 것도 남지 않았을 때 쓴 작품들, 특히 키케로Cicero의 『공화국론』*De re publica*과 『의무론』*De officiis*에서 발견된다. 키케로의 작품들 외에 리비우스Livy의 『역사』*Histories*는 살루스트Sallust의 작품들처럼 꼭 읽어야 할 저작이다. 로마제국 시대에도 살아남았던 공화주의적 이념들의 편린들을 이해하기 위해서는 타키투스Tacitus의 『연대기』*Annales* 제2권 *Agricola and Germany*(Oxford : Oxford University Press, 1999)를 읽어야 한다.

이탈리아의 자유 도시 공동체들의 짧지만 중요했던 경험은 '키비타스'civitas의 이념과 그리고 자치정부에서 최고위직에 필요한 의무와 능력, 덕목들에 대한 사유들로 구성된 일련의 공화주의적 정치저술들을 생산해냈다. 이 저술들의 예를 들면 다음과 같다 : 저자 불명인 *Oculus pastoralis*, ed. Dora Franceschi, Memorie dell'Accademia delle Scienze di Torino, ser. 4. no. 11(1966) : 3–70 ; 오르피노 다 로디Orfino da Lodi의 *De regimine et sapientia potestatis*, ed. A. Ceruti, Miscellanea di Storia Italiana 7(1869) : 33–94 ; 지오반니 다 비테르보Giovanni da Viterbo의 *Liber de regimine civitatum*, ed G. Salvemini, in Bibliotheca juridica medii aevi, vol. 3 (Bologna, 1901), 215–80 ; 브루네토 라티니Brunetto Latini의 *Li livres dou Tresor*, ed. Francis J. Carmody(Berkeley : University of California Press, 1948 ; reprint, Geneva : Slatkine, 1975). 또한 14, 15세기 이탈리아 법학자들의 작품들도 굉장히 중요

한데, 그들은 자유 도시의 법학적 · 법률적 개념을 발전시켰으며, 마르실리우스Marsilius of Padua의 *Defensor pacis* (영어로는 *In Defense of of Peace*)를 발전시켰다. 시민적 그리고 정치적 삶의 완전한 형태를 얻기 위해 가장 효율적인 수단으로서의 공화주의적 정부의 이념을 보기 위해서는 *De regimine principium*, in *Divi Thomae Aquinatis opuscula philosophiae*, ed. Raimondo Spiazzi (Turin : Marietti, 1954), 특히 프톨레미Ptolemy of Lucca에 의해 쓰여진 제4권을 보기 바란다.

공화주의적 자유와 시민들과 법의 덕목에 대한 주제들은 피렌체 시민적 인문주의자들의 정치이론에서 중심적 위치를 차지하고 있었다. 이 영역을 연구한 최초의 근대 학자들 중 한명은 한스 바론Hans Baron이었고, 그는 이 주제에 대한 그의 연구들을 두 권으로 이루어진 *In Search of Florentine Civic Humanism* (Princeton, N.J. : Princeton University Press, 1988)에 모아 놓았다. 이 중요한 공화주의 정치사상의 초기의 가장 중요한 작품들은 콜루치오 살루타티Coluccio Salutati의 *Invectiva in Antonium Luschum Vicentinum*, in *Prosatori latini del Quattrocento*, ed. Eugenio Garin (Milan and Naples : Riccardi, 1952), 그리고 *Il trattato "De tyranno" e lettere scelte*, ed. Francesco Ercole (Bologna : Zanichelli, 1942) ; 레오나르도 브루니Leonardo Bruni, *Panegirico della città di Firenze*, facing Italian text by Frate Lazaro da Padova, intro. by Gisuseppe de Toffol (Florence : La Nouova Italia, 1974) ; 알라마노 리누치니Alamanno Linuccini, *Lettere e orazioni*, ed. Vito Giustiniani (Florence : Olschki 1953), 그리고 "Dialogus de Libertate", in *Atti e*

Momorie dell'Accdemia Toscana si Scienze e Lettere la Colombaria 21 (1956) : 265−303. 이 마지막 저작은 정치적 자유와 시민의 덕성 사이의 관계에 대한 완벽한 공화주의적 해석을 발전시킨다.

15세기 피렌체 인문주의자들의 공화주의를 가장 잘 요약한 저작은 여전히 마테오 팔미에리Matteo Palmieri의 *Vita civile*, ed. Gino Belloni (Florence : Olschki, 1981)이다. 또한 사보나롤라의 설교들도 굉장히 중요한데, 특히 그의 *Trattato circa el reggimento e governo della città di Firenze, in Prediche sopra Aggeo*, ed. Luigi Firpo (Rome : Belardetti, 1965)는 그가 실행에 옮긴 1494−1512년의 공화국 정체 개혁의 근본원칙들을 담고 있다. 그리고 당연히 토마스 모어의 『유토피아』를 보아야 하는데, 그것은 아마도 북유럽에서 가장 중요한 시민적 인문주의의 텍스트일 것이다.

공화주의적 정치사상의 더 완숙된 열매는 종종 그렇듯이 공화국들이 이탈리아에서 그 종말에 도달했을 때 나타났다. 16세기 초에 근대 공화주의의 기초들을 놓는 작품들이 쓰여졌다. 우선 무엇보다도 마키아벨리의 저작들, 특히 그의 『로마사 논고』*Discourses on Livy*, trans. Harvey C. Mansfield and Nathan Tarcov (Chicago : University of Chicago Press, 1996). 또한 중요한 것으로 프란체스코 귀챠르디니Francesco Guicciardi의 저작들, 특히 그의 *Dialogue on the Government of Florence*(Cambridge, U.K. : Cambridge University Press, 1994) ; 도나토 지아노티Donato Giannotti의 특히 *Della repubblica fiorentina*와 *Della repubblica de*

Veneziani, in *Opere politiche*, ed. Furio Diaz (Milan : Marzorati, 1974), vol. 1, 181–370 그리고 27–152 ; 그리고 안토니오 브루치올리Antonio Brucioli의 *Dialogi*, ed. Aldo Landi (Naples and Chicago : Prismi–The Newberry Library, 1990). 소데리니 시기의 공화국에서 코지모 1세의 군주제로의 변화기의 피렌체 정치사상에 대한 재미 있는 연구가 루돌프 폰 알베르티니Rudolf von Albertini의 *Firenze dalla repubblica al principato* (Turin : Einaudi, 1970)에서 발견된다.

17세기 말에는 공화주의적 정치사상의 중심이 네덜란드와 잉글랜드로 옮겨간다. 네덜란드 공화주의의 중요한 저작은 피터 데 라 쿠르Pieter de la Court와 요한 데 위트Johan de Witt의 *Interest van Holland* (1642)이며, 그것은 1702년 영어로 번역되었다 (*The True Interest and Political Maxims of the Republick of Holland and Westfriesland*). 그것은 공화주의적 정부가 상업사회의 번영을 위해 가장 잘 어울리는 것이라는 원칙의 주요 방어를 포함하고 있다.

영국의 공화주의를 위해 역사적 · 이론적 관점에서 볼 때 핵심 저작은 제임스 해링턴James Harrington의 *The Commonwealth of Oceana*와 *A System of Politics* (1656), ed. J.G.A. Pocock (Cambridge, U.K. : Cambridge University Press, 1992)이다. 서문에서 해링턴은 토마스 홉스가 『리바이어던』의 21장에서 언급한 공화주의적 자유의 이상에 대한 비판에 답한다. 다른 주요 저작들로는 다음과 같은 것들이 있다 : 헨리 네빌Henry Neville의 *Plato Redivivus, or A Dialogue concerning Government*, 그리고 윌

터 모일Walter Moyle의 *Essay upon the Constitution of the Roman Government*이며, 두 저작은 *Two English Republican Tracts*, ed. Caroline Robbins (Cambridge, U.K. : Cambridge University Press, 1969)에 수록되어 있다 ; 알거넌 시드니Algernon Sidney의 *Discourses concerning Government*, ed. Thomas G. West (Indianapolis : Liberty Classics, 1990) ; 그리고 존 밀턴John Milton의 *Defense of the People of England*, in *The Works of John Milton* (New York : Columbia University Press, 1932), vol. 7, 그리고 *The Readie and Easie Way to Estabilish a Free Commonwealth*, in *Complete Prose Works of John Milton* (New Haven, Conn. : Yale University Press, 1980), vol. 7.

18세기 유럽의 공화주의 정치사상을 이해하기 위해 꼭 필요한 안내서는 여전히 프랑코 벤투리Franco Venturi의 *Utopia and Reform in the Enlightenment* (Cambridge, U.K. : Cambridge University Press, 1971)이다. 또한 비록 몽테스큐Montesquieu가 공화주의자가 아닐지라도 『법의 정신』 *The Spirit of Law* (Berkeley : University of California Press, 1977)과 함께 시작하는 것이 필수적이다. 그리고 경전이라 할 수 있는 기본적인 저작들로는 장-자크 루소Jean-Jacques Rousseau의 저작들이 있는데, 특히 『사회계약론』, 『학문예술론』, 『인간불평등기원론』이 있다.

혁명기의 공화주의 정치사상에 대한 상을 얻기 위해서는 모리스 아귈롱Maurice Agulhon이 서언을 쓰고 마르셀 도리니Marcel Dorigny가 소개글을 쓴 *Aux origines de la république*, 1789-1792 (Paris : EDHIS, 1992), 6 vols라는 문집과 막스밀리앙 로베스피에르Maximilien Robespierre를 읽어야 한다. 또한 18세기

말로부터는 임마누엘 칸트Immanuel Kant의 공화주의적 헌정 체제는 영구평화의 필요조건이라고 언급한 에세이를 들 수 있다[영역본은 *Perpetual Peace and Other Essays on Politics, History, and Moral Practice*, ed. and trans. Ted Humphrey (Indianapolis : Hackett, 1982) 참고]. 당시에 공화주의적 경향을 지닌 이탈리아 정치저작들 중에는 프란체스코 마리아 파가노Francesco Mario Pagano와 엘레노라 피멘텔 폰세카Eleonora Pimentel Fonseca의 것들이 있으며, 1799년 나폴리 공화국을 위한 순교자들이었던 이들의 것은 유명하다. 그리고 당연히 미국에서 공화주의적 정치사상을 위해 중요한 저작들은 토마스 페인Thomas Paine의 『인권론』*The Rights of Man*, 그리고 알렉산더 해밀턴Alexander Hamilton, 존 제이John Jay, 제임스 메디슨James Madison의 『페더랄리스트 페이퍼』*The Federalist Papers*이다.

19세기에 이탈리아에서 가장 중요한 공화주의적 저작들은 특히 연방주의 이론에 대해 토론한 카를로 카타네오Carlo Cattaneo의 것들과 쥬제페 마치니Giuseppe Mazzini의 것들이 있다. 영국에서는 존 스튜어트 밀John Stuart Mill의 저작들이 공화주의적 이념으로 풍부했는데, 특히 『대의정부론』*Considerations on Representative Government* 그리고 『자유론』*On Liberty*이 그것이다.

■□ 색인 □■

(ㄷ)

(ㄹ)

(ㅁ)

■□ 약력 □■

지은이

■ **모리치오 비롤리**(Maurizio Viroli)

European University Institute 정치학 박사
영국 캠브릿지대 객원연구원
프린스턴 소재 고등과학연구원(Institute for Advanced Study) 객원교수
(현) 프린스턴대 정치학과 교수
(현) 이탈리아 『라 레푸블리카』지 칼럼니스트
주요 저작 : *Jean-Jacques Rousseau and the Well-Ordered Society* (캠브릿지대 출판부), *For Love of Country*(옥스포드대 출판부), *From politics to reason of state*(캠브릿지대 출판부), *Machiavelli*(옥스포드대 출판부) 등

옮긴이

■ 김경희

서울대학교 정치학과 졸업(정치학사 및 석사)
독일 베를린 훔볼트 대학교 정치학 박사
현재 성신여자대학교 교양교육원 교수
저서 및 논문 : 『서양정치철학사 1』(공역, 인간사랑)
「Virtù bei Machiavelli : Die materialistische Begründung der Machtpolitik」
「비르투 로마나(Virtù romana)를 중심으로 본 마키아벨리의 공화주의」,
「마키아벨리의 국가전략 : '저변이 넓은 정체' (governo largo)에 기반한 힘과 유연성의 전략」 등등

■ 김동규

서울대학교 정치학과 졸업(정치학사 및 석사)
미국 럿거스 대학교 박사과정 수학
외무고등고시 29회
외교통상부 외무관(대북정책, 북한 핵문제 등 담당)
통상교섭본부장 비서관
해군중위 전역(해군사관학교 교수부 근무)
EBS 등에서 시사평론
현재 영국 캠브릿지대학교 박사 논문중
저서 및 논문 : 『서양정치철학사 1』(공역, 인간사랑)
「Leo Strauss의 Carl Schmitt 비판」, 「마한과 콜벳의 해양전략 비교연구」 등의 논문과 「메를로-뽕띠의 신유학 비판」, 「주 5일 근무, 민주주의의 전제조건」 등의 기고문

공화주의

초판1쇄 / 2006년 8월 30일
초판3쇄 / 2012년 3월 10일

지은이 **모리치오 비롤리**
옮긴이 **김경희 / 김동규**
펴낸이 **여국동**
펴낸곳 **도서출판 인간사랑**
인 쇄 **백왕인쇄**
제 본 **은정제책사**

출판등록 1983. 1. 26. / 제일-3호

정가 12,000원

ISBN 89-7418-198-3 93340

※ 잘못된 책은 교환해 드립니다.

(411-815) **경기도 고양시 일산구 백석동** 1178-1
TEL (031)901-8144, 907-2003
FAX (031)905-5815
e-mail : igsr@Yahoo.co.kr
igsr@Naver.com